This Book Belongs To:

_____

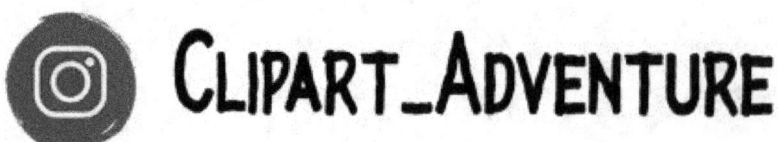 Clipart_Adventure

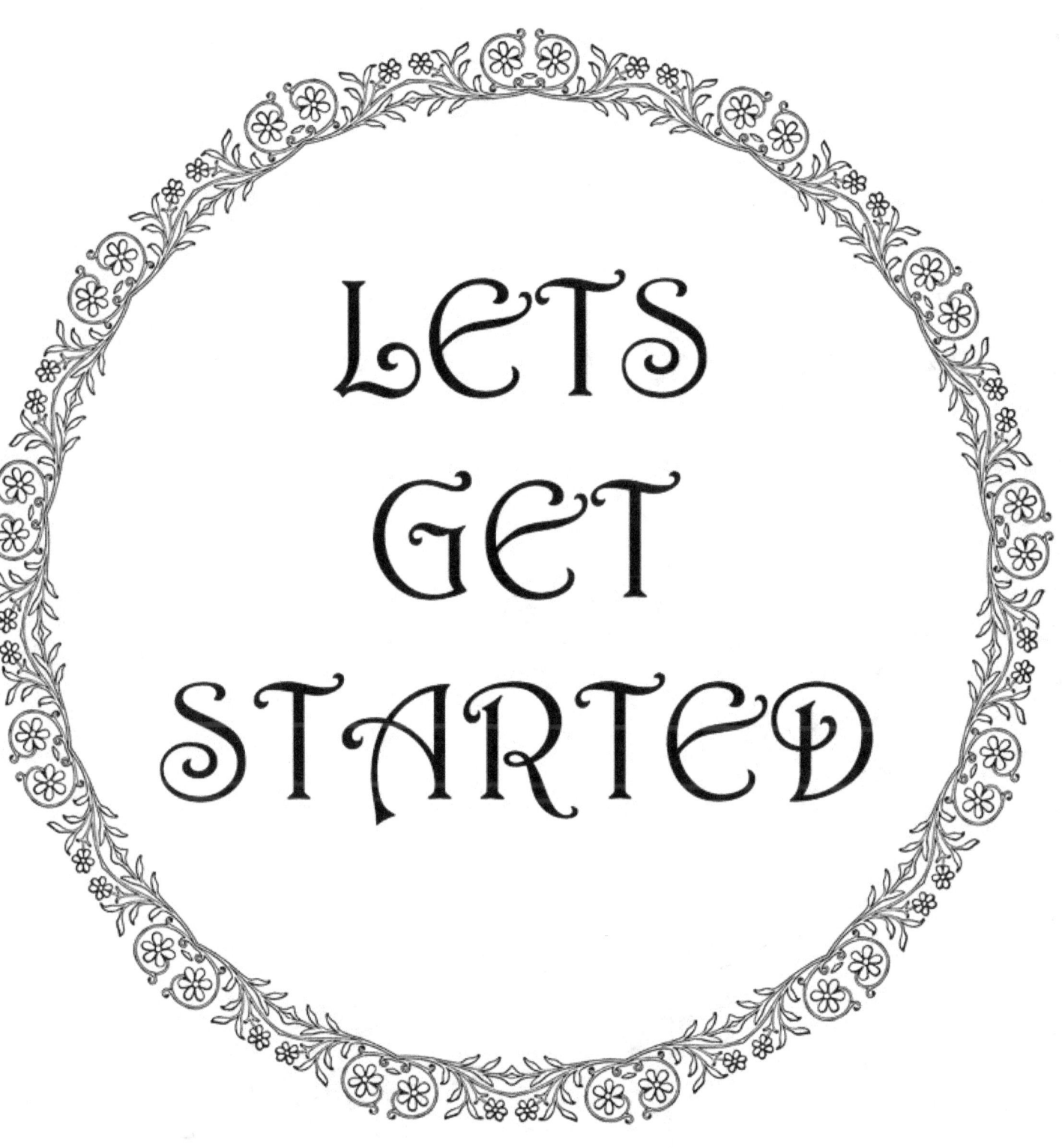

Learn Step By Step

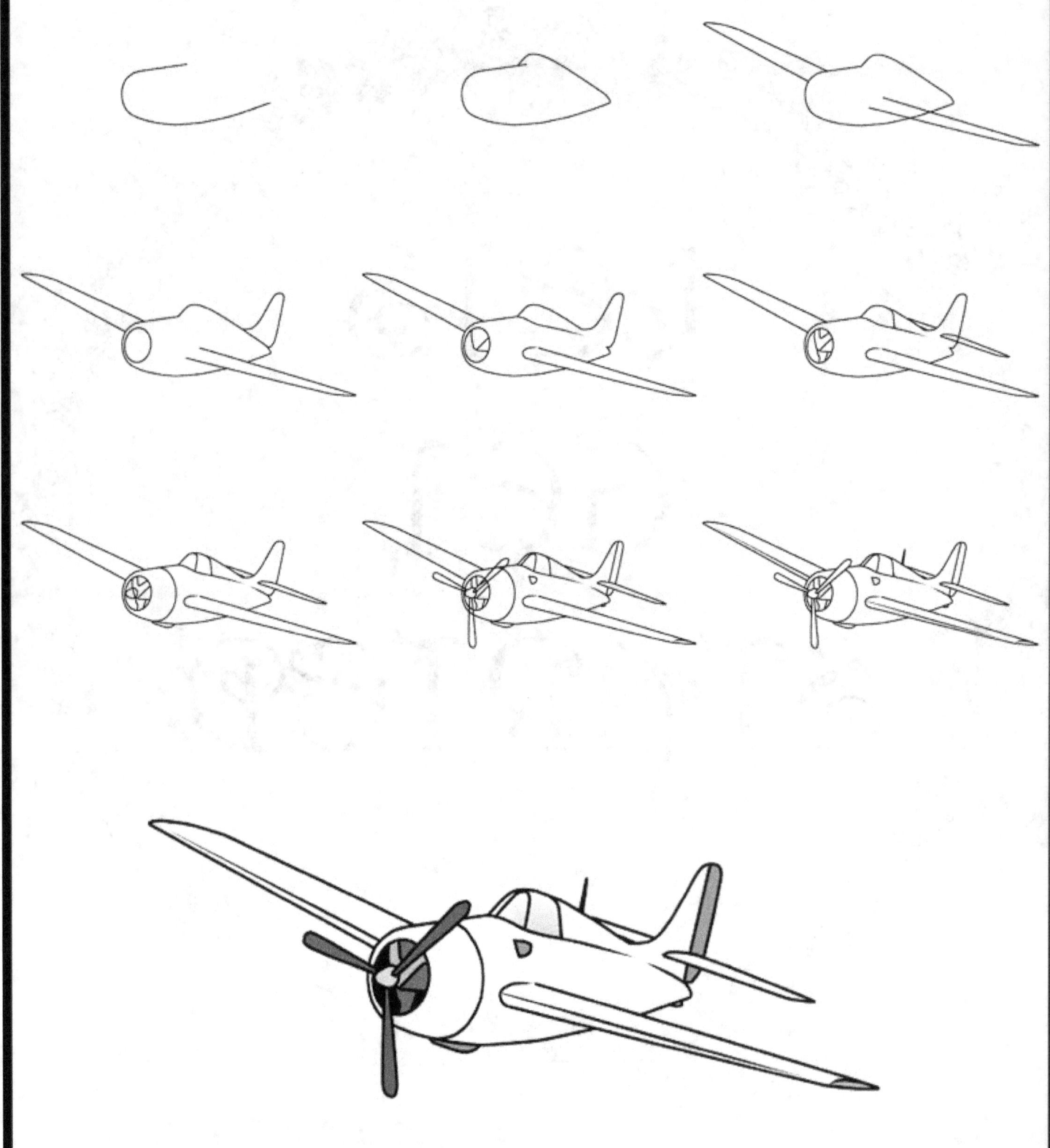

Your Turn Now!

Learn Step By Step

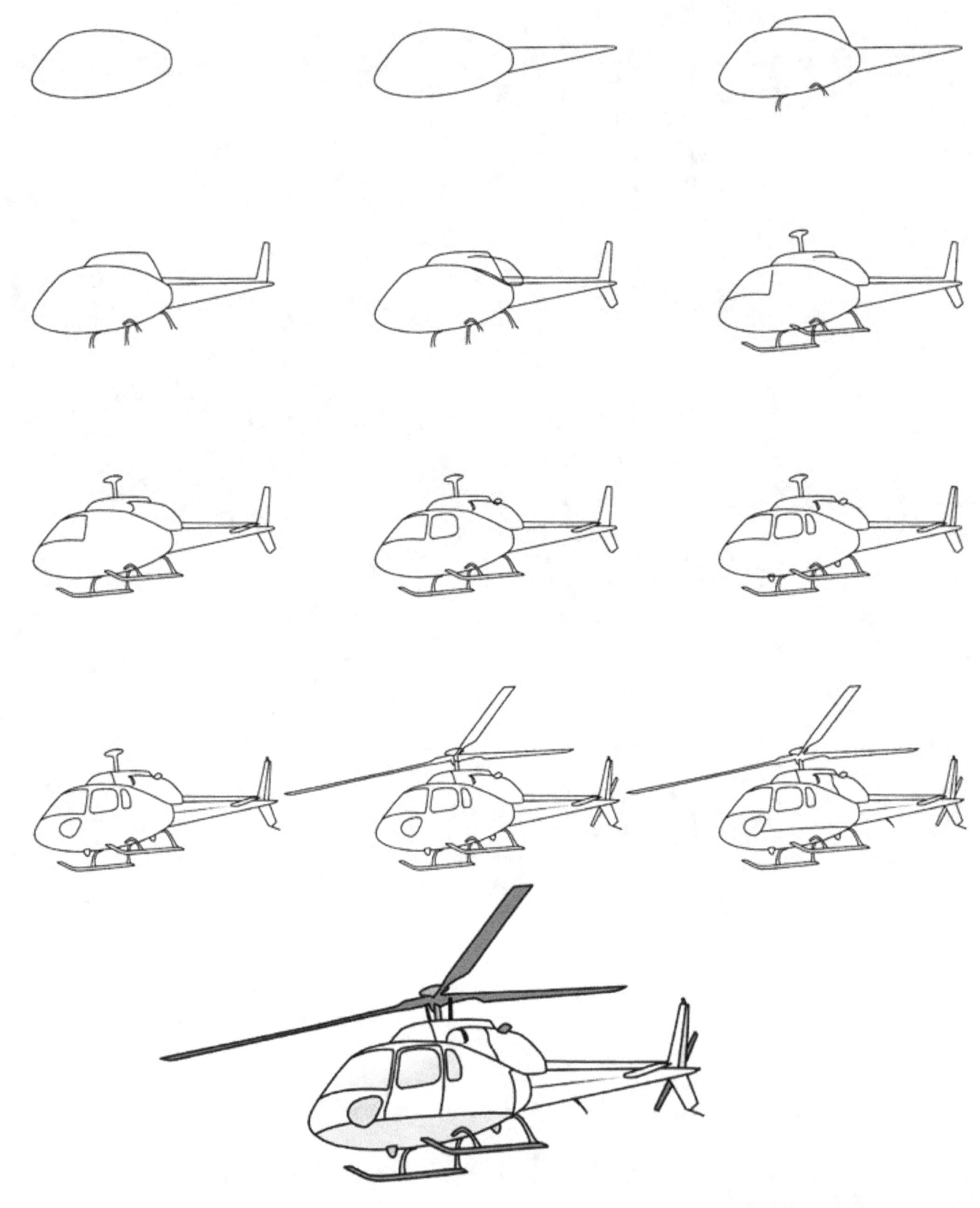

Your Turn Now!

Learn Step By Step

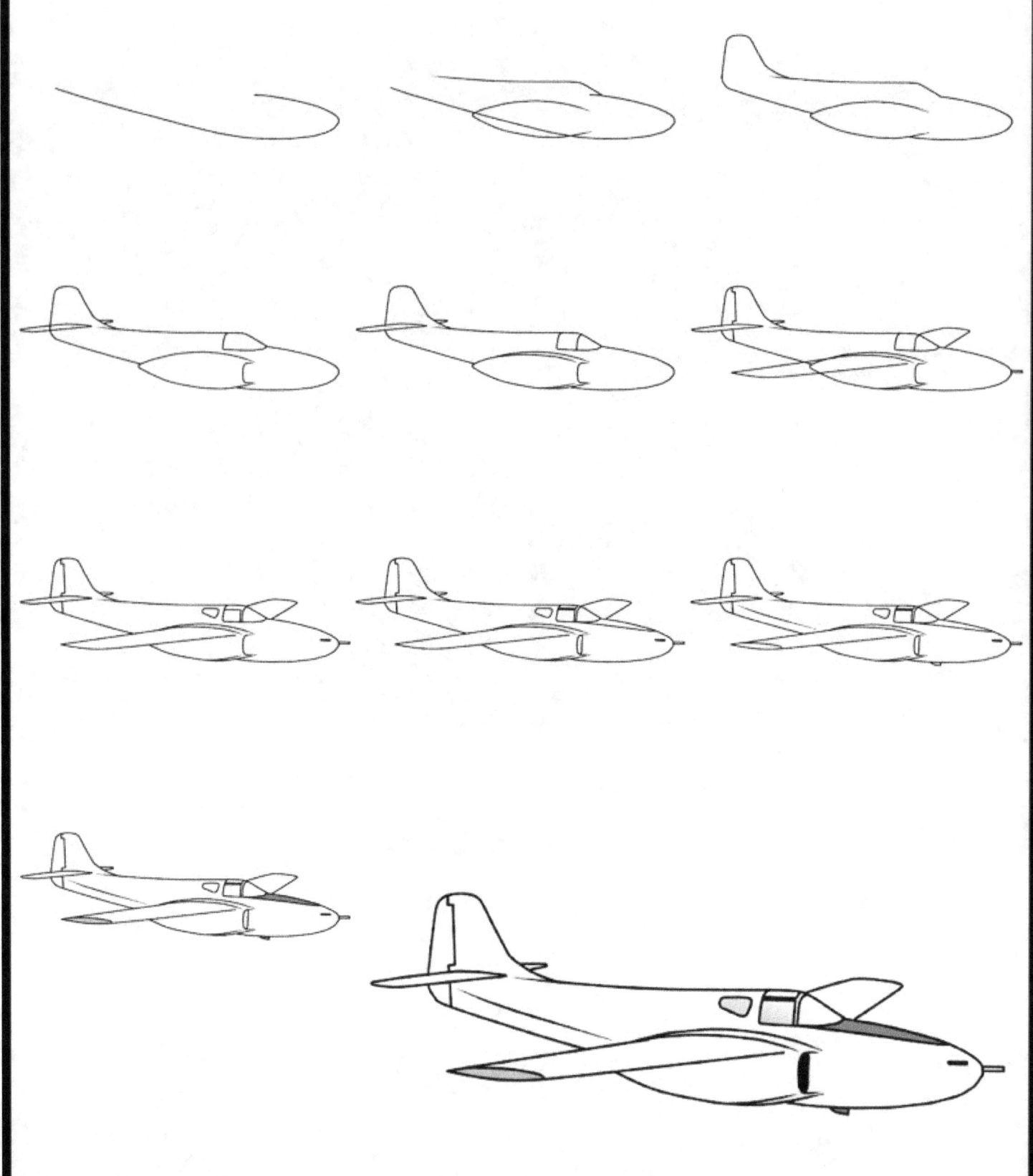

Your Turn Now!

Learn Step By Step

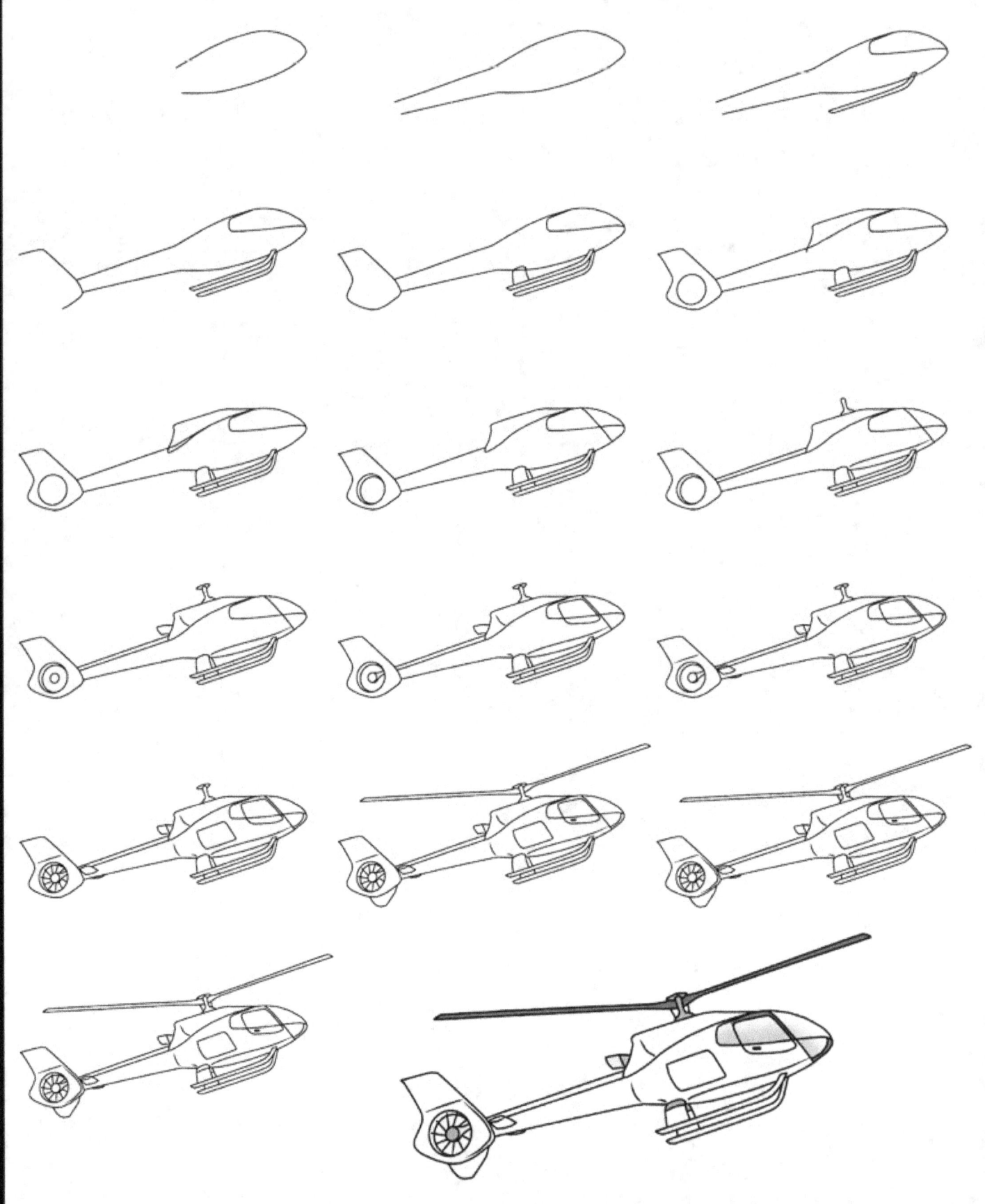

Your Turn Now!

Learn Step By Step

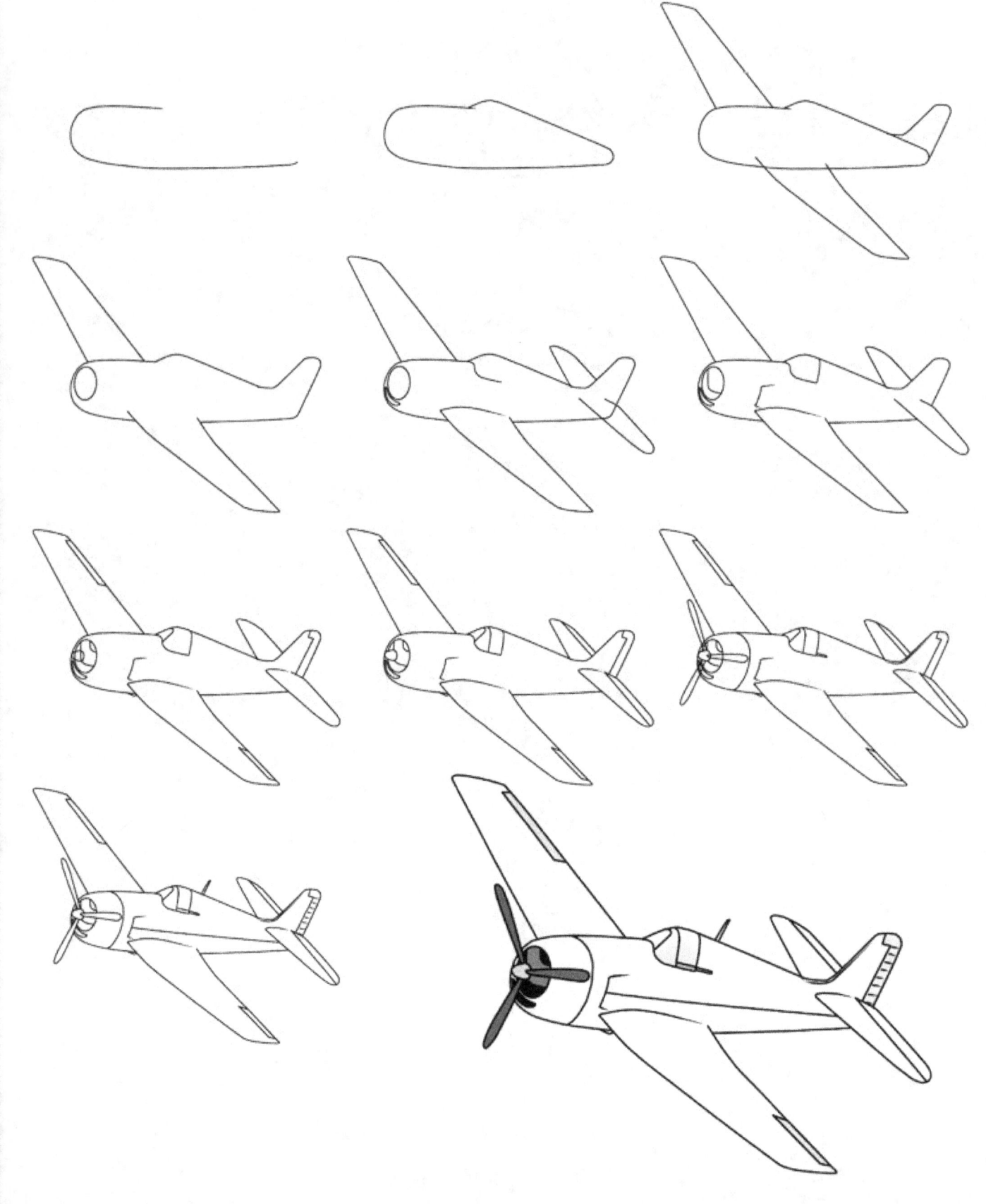

Your Turn Now!

Learn Step By Step

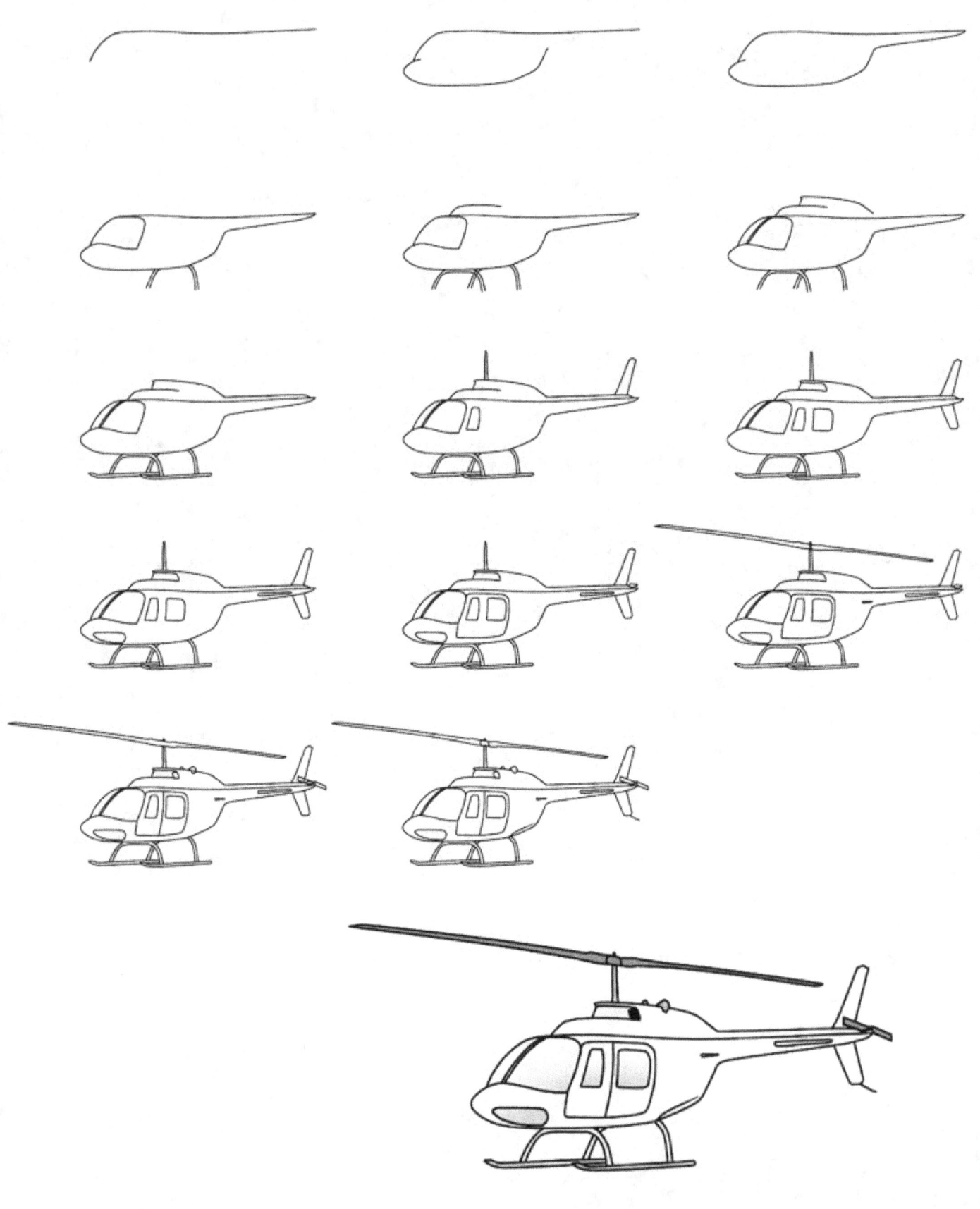

Your Turn Now!

Learn Step By Step

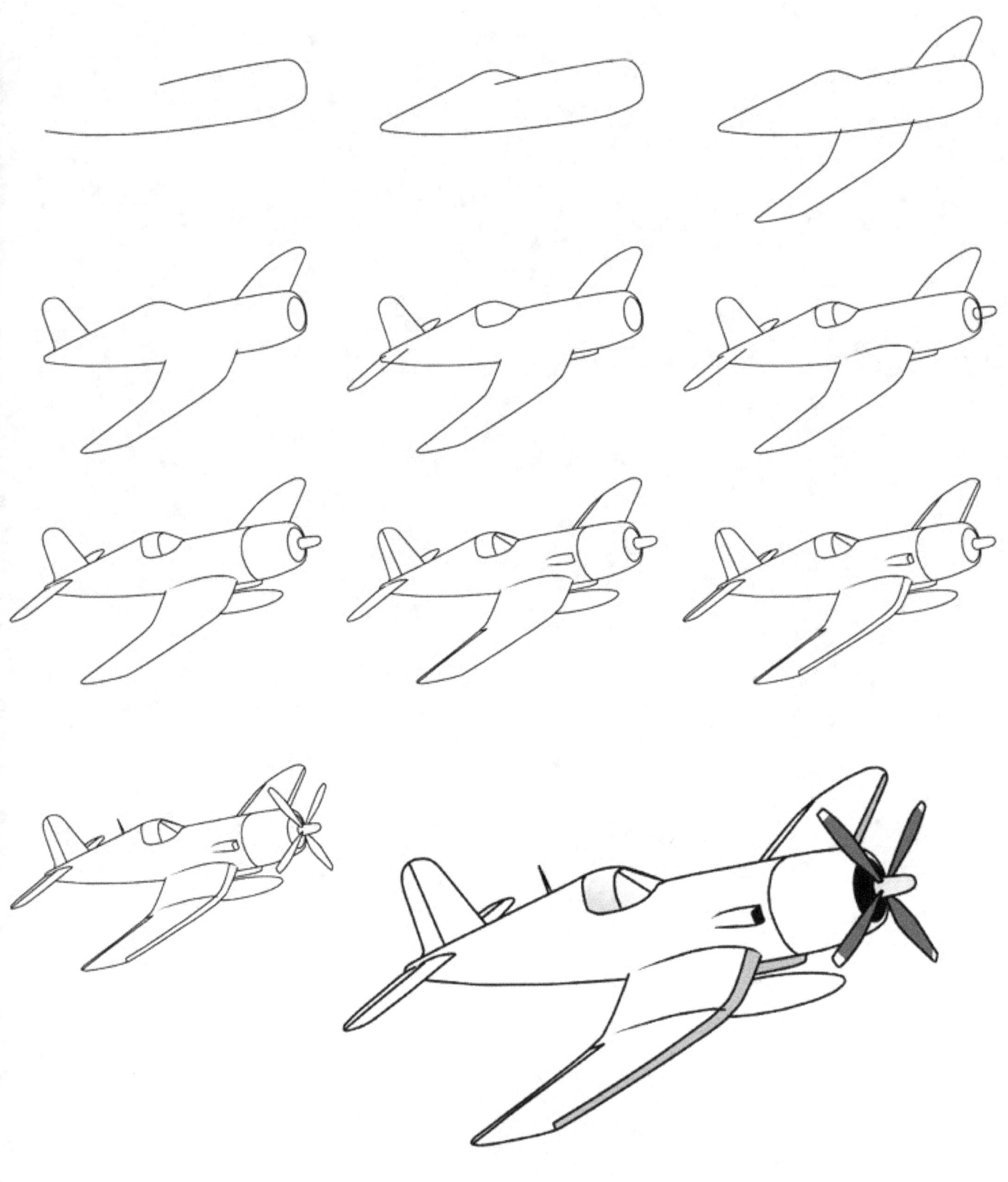

Your Turn Now!

Learn Step By Step

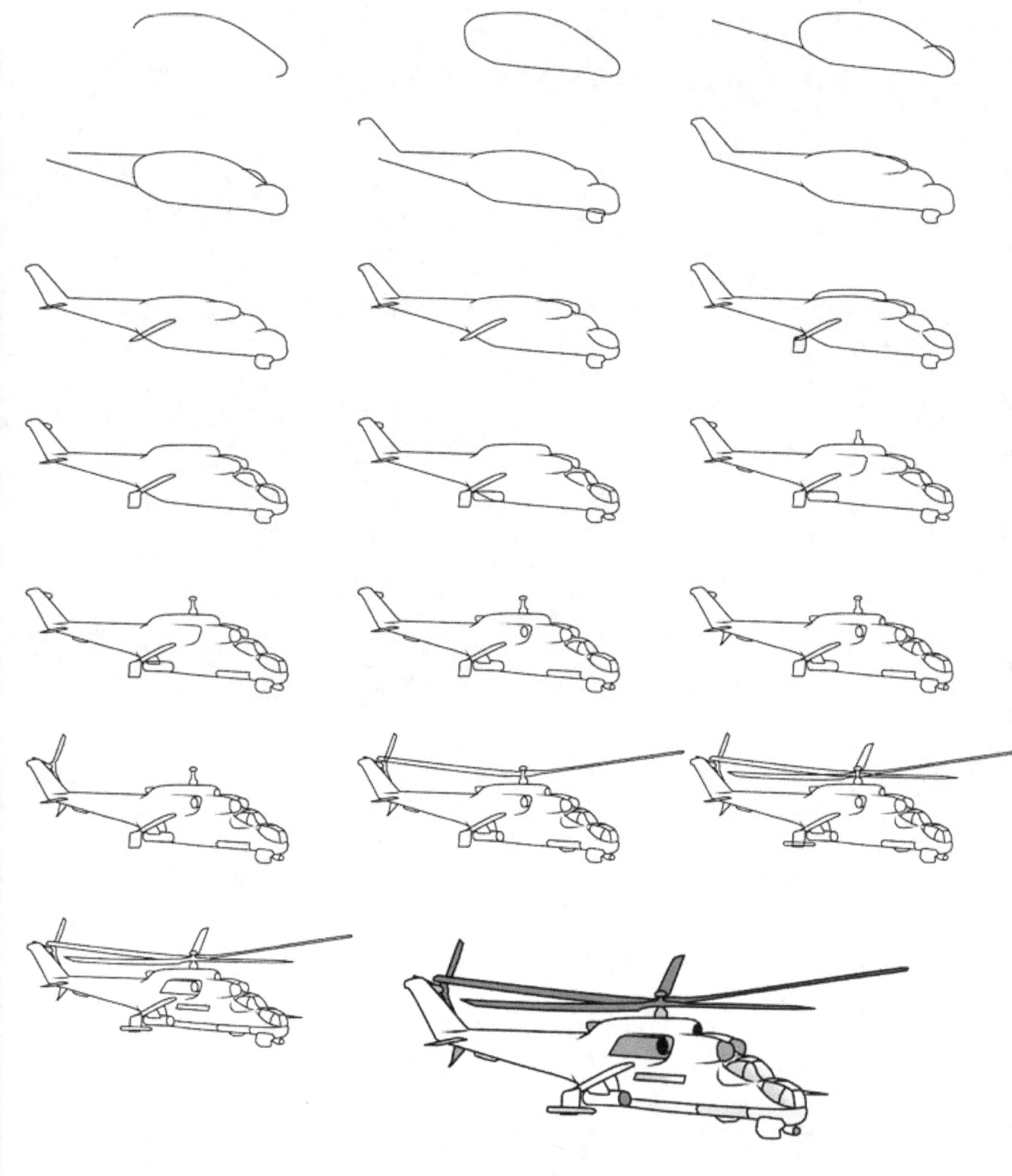

Your Turn Now!

Learn Step By Step

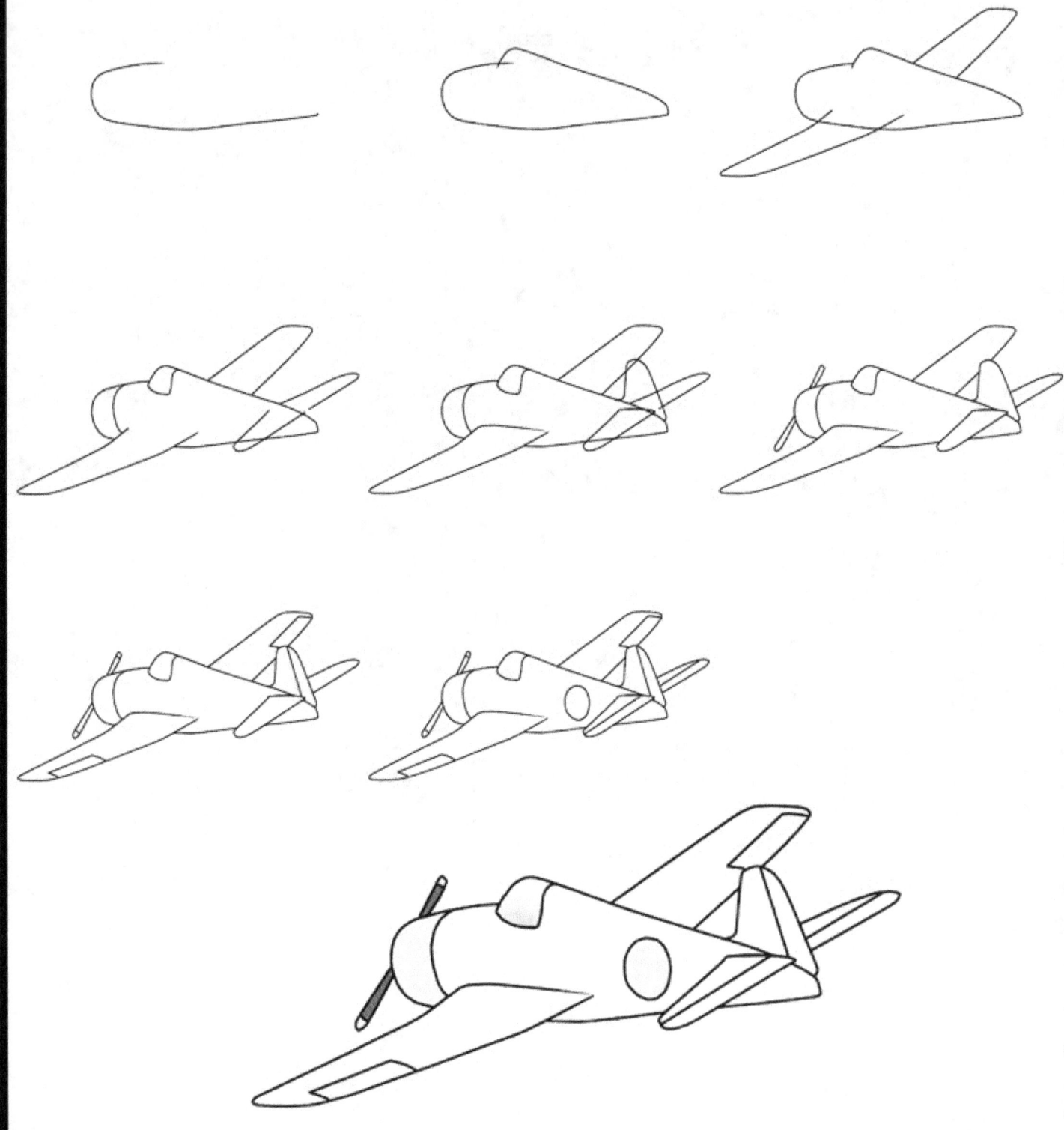

Your Turn Now!

Learn Step By Step

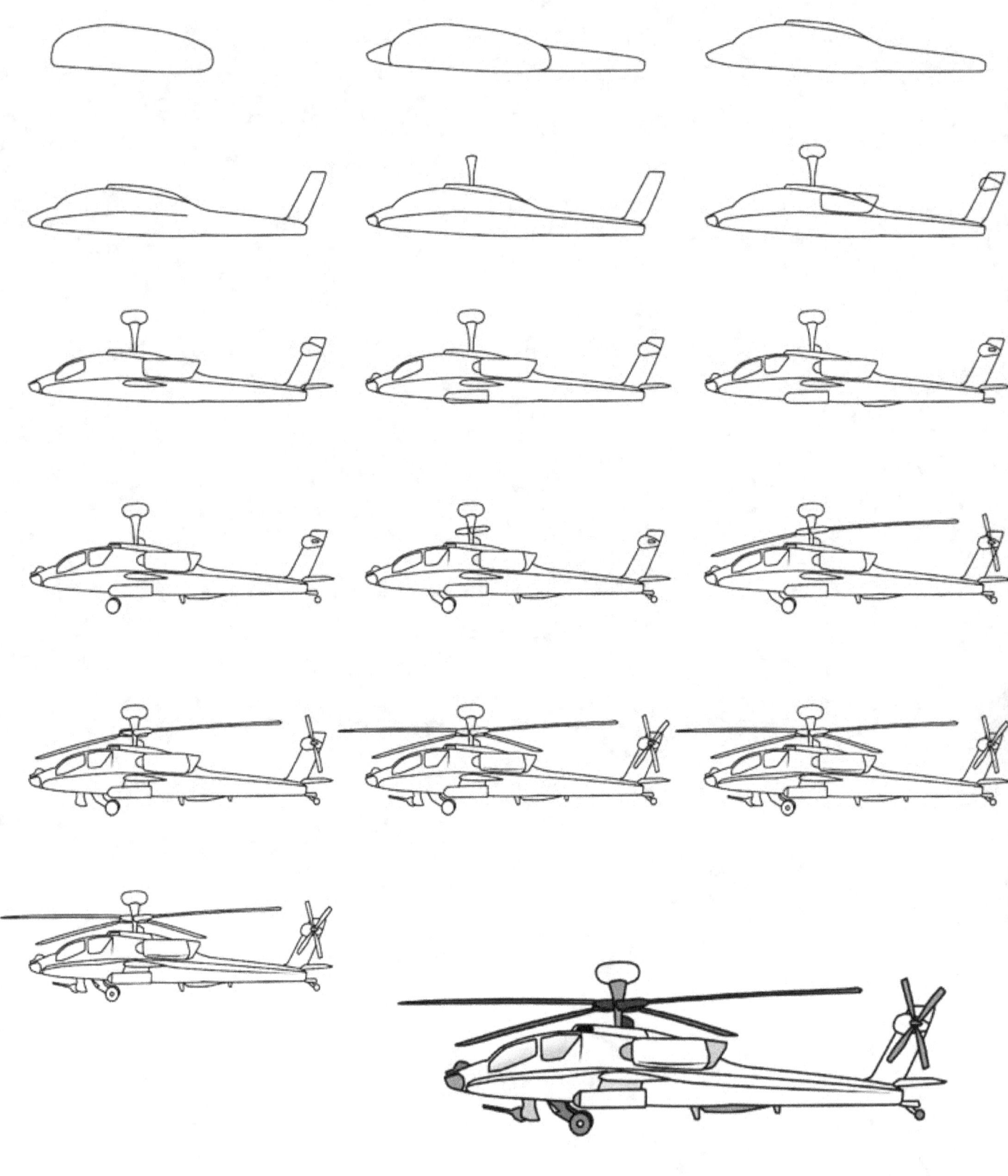

Your Turn Now!

Learn Step By Step

Your Turn Now!

Learn Step By Step

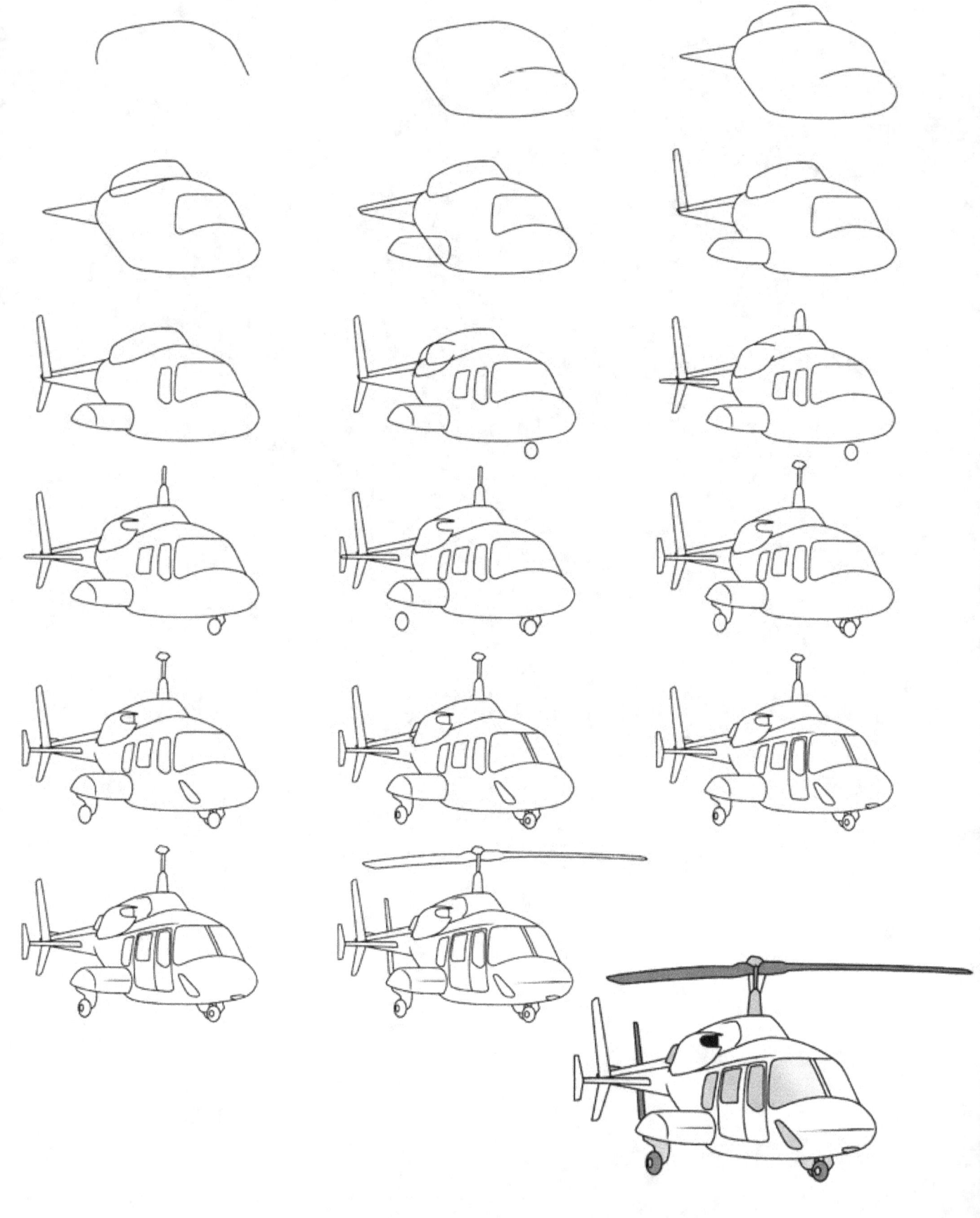

Your Turn Now!

Learn Step By Step

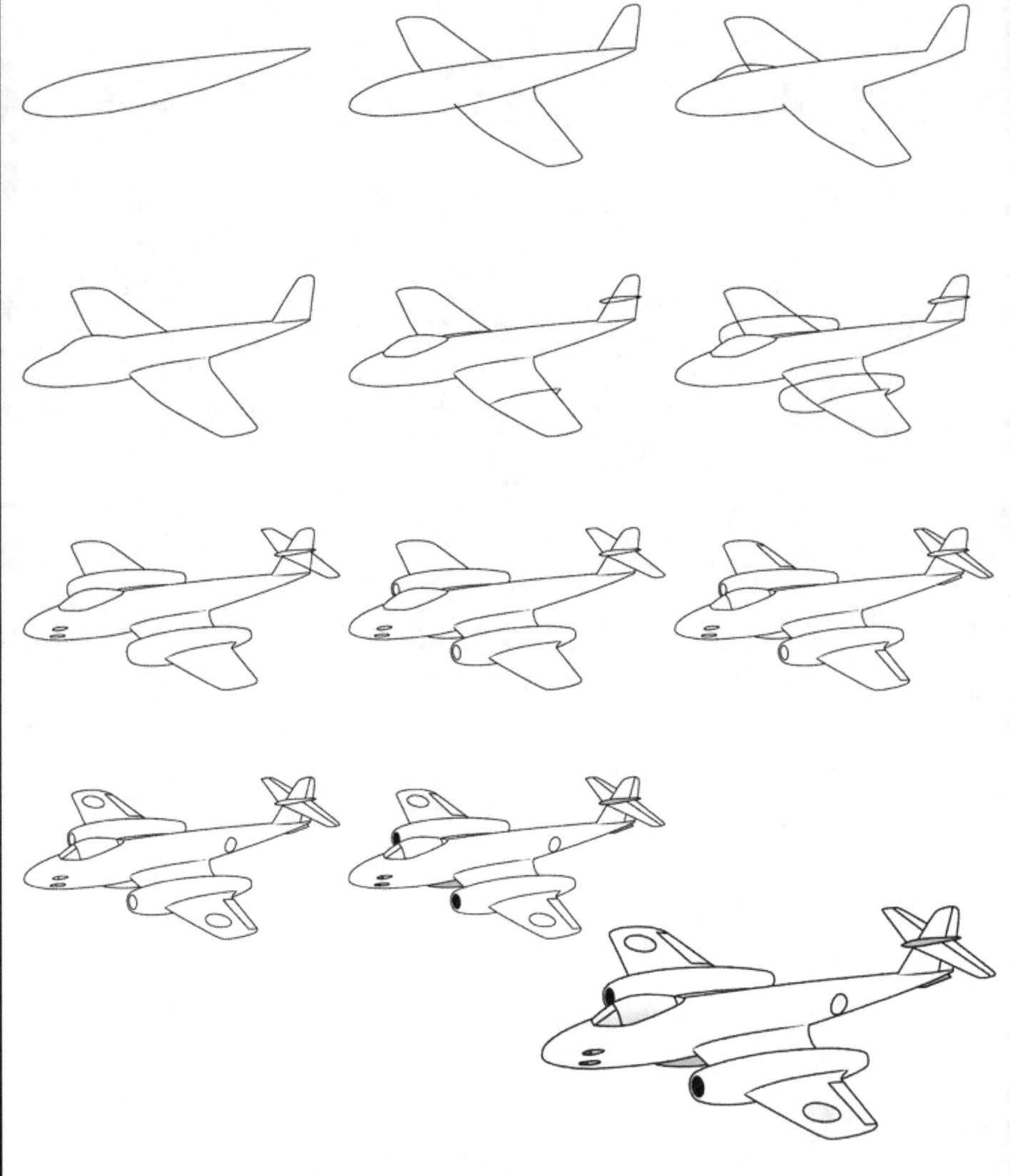

Your Turn Now!

Learn Step By Step

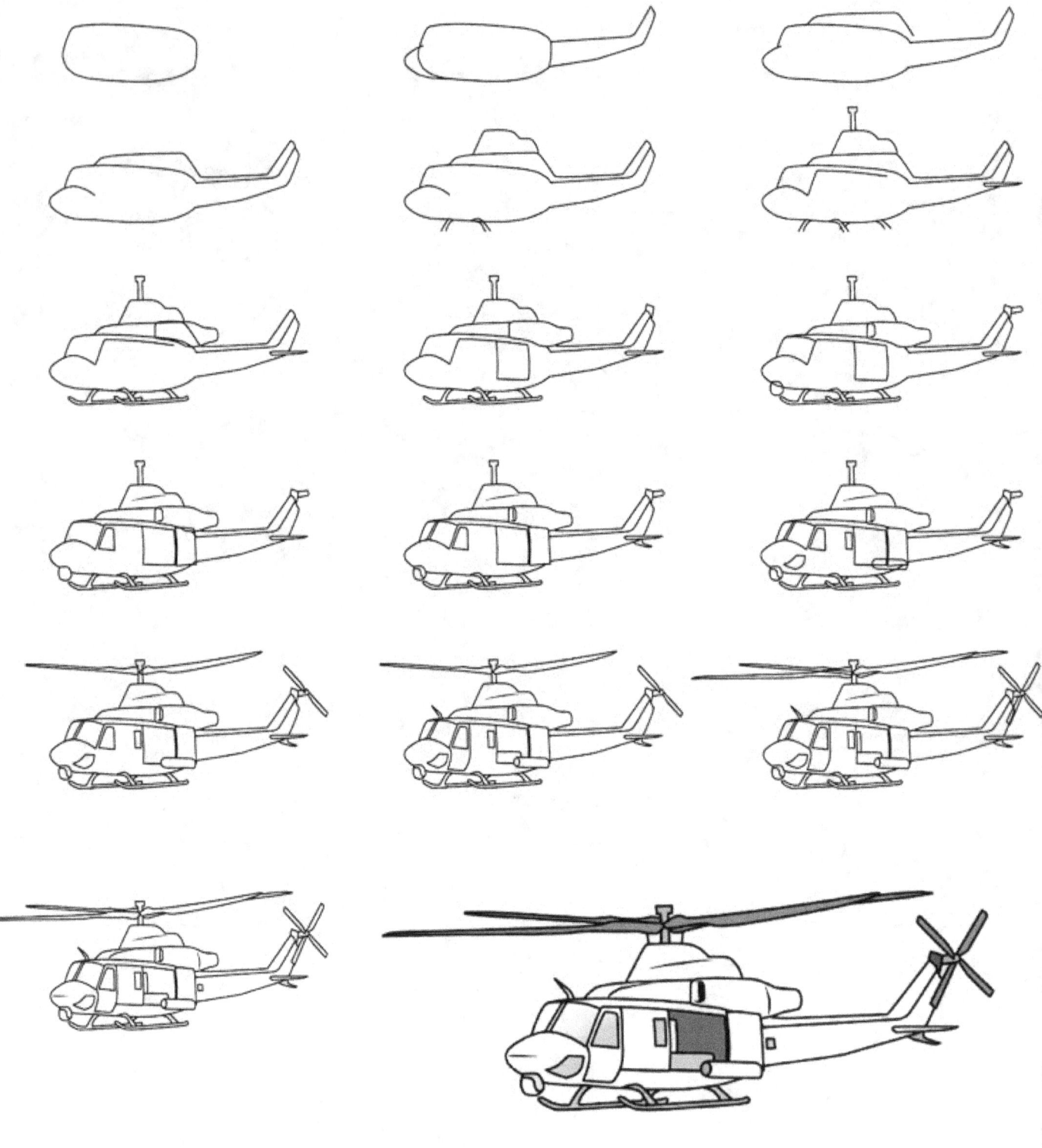

Your Turn Now!

Learn Step By Step

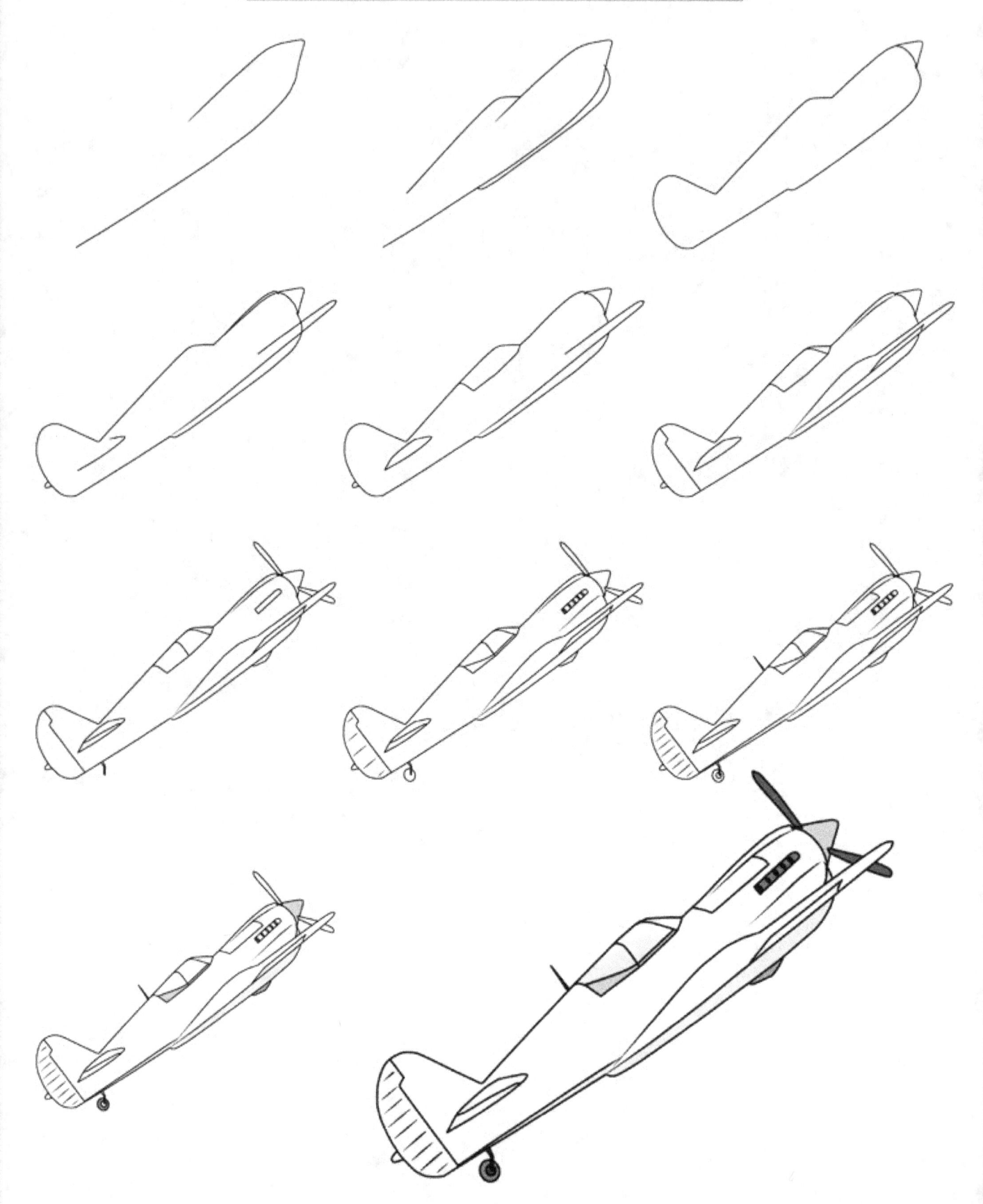

Your Turn Now!

Learn Step By Step

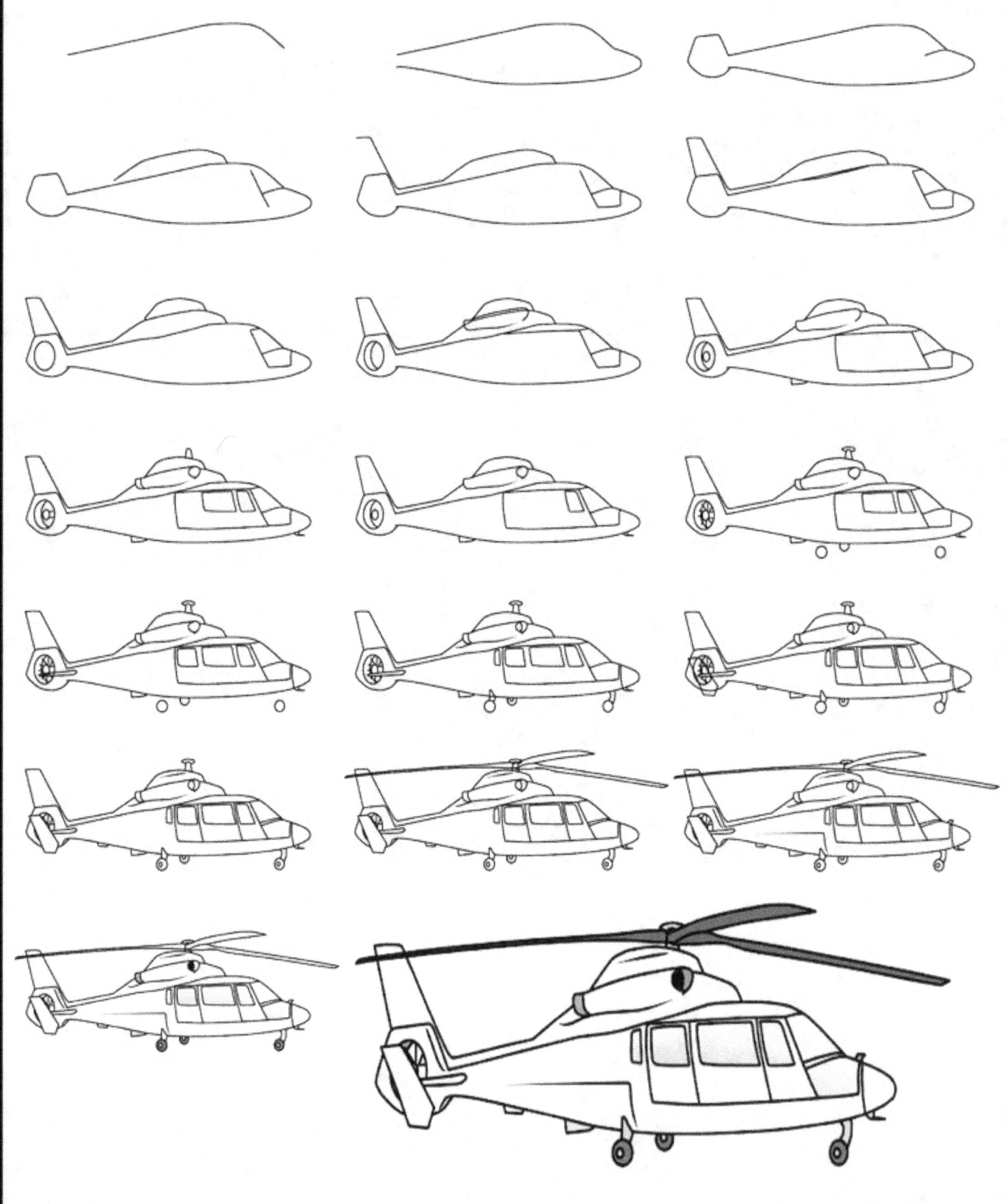

Your Turn Now!

Learn Step By Step

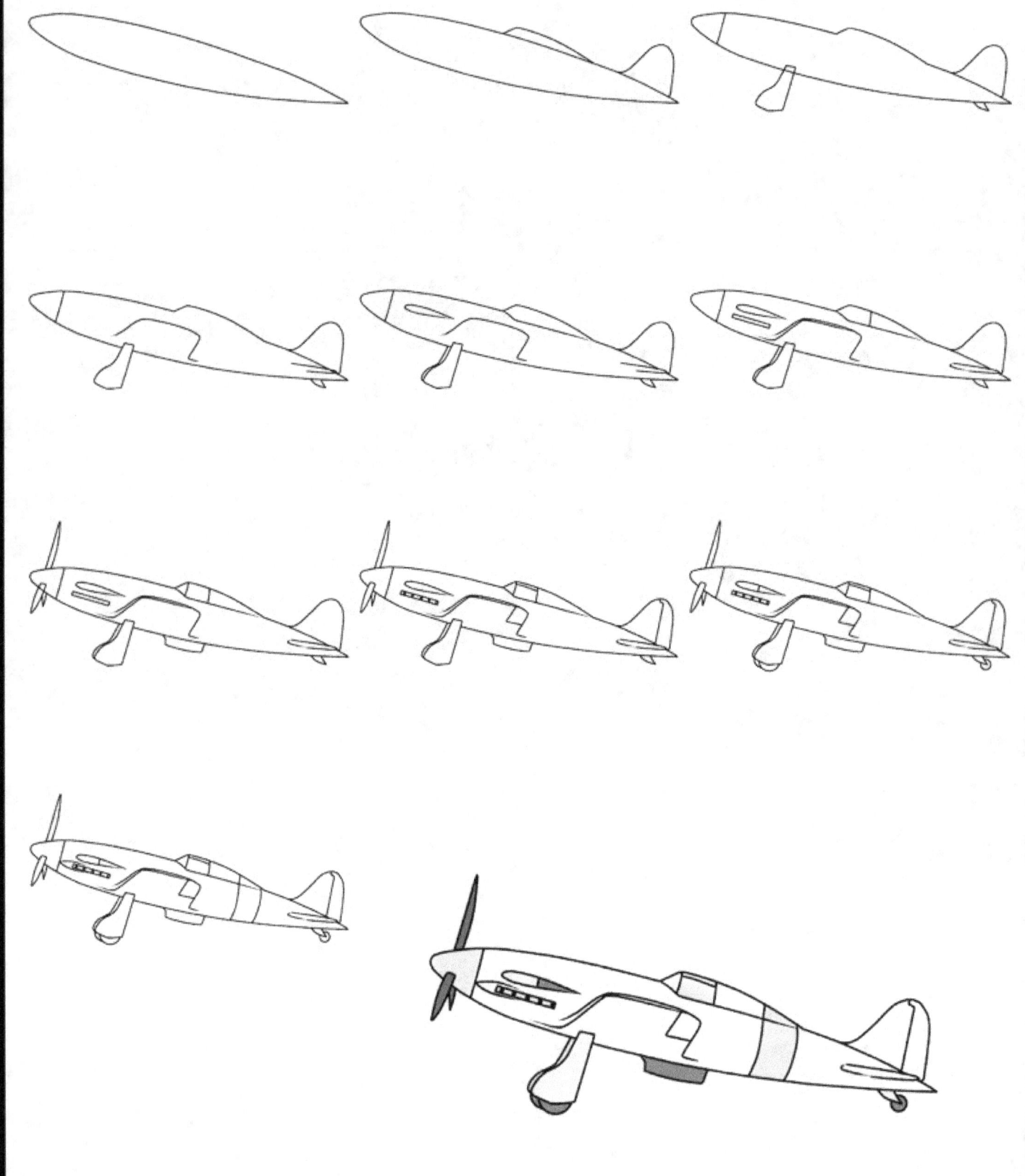

Your Turn Now!

Learn Step By Step

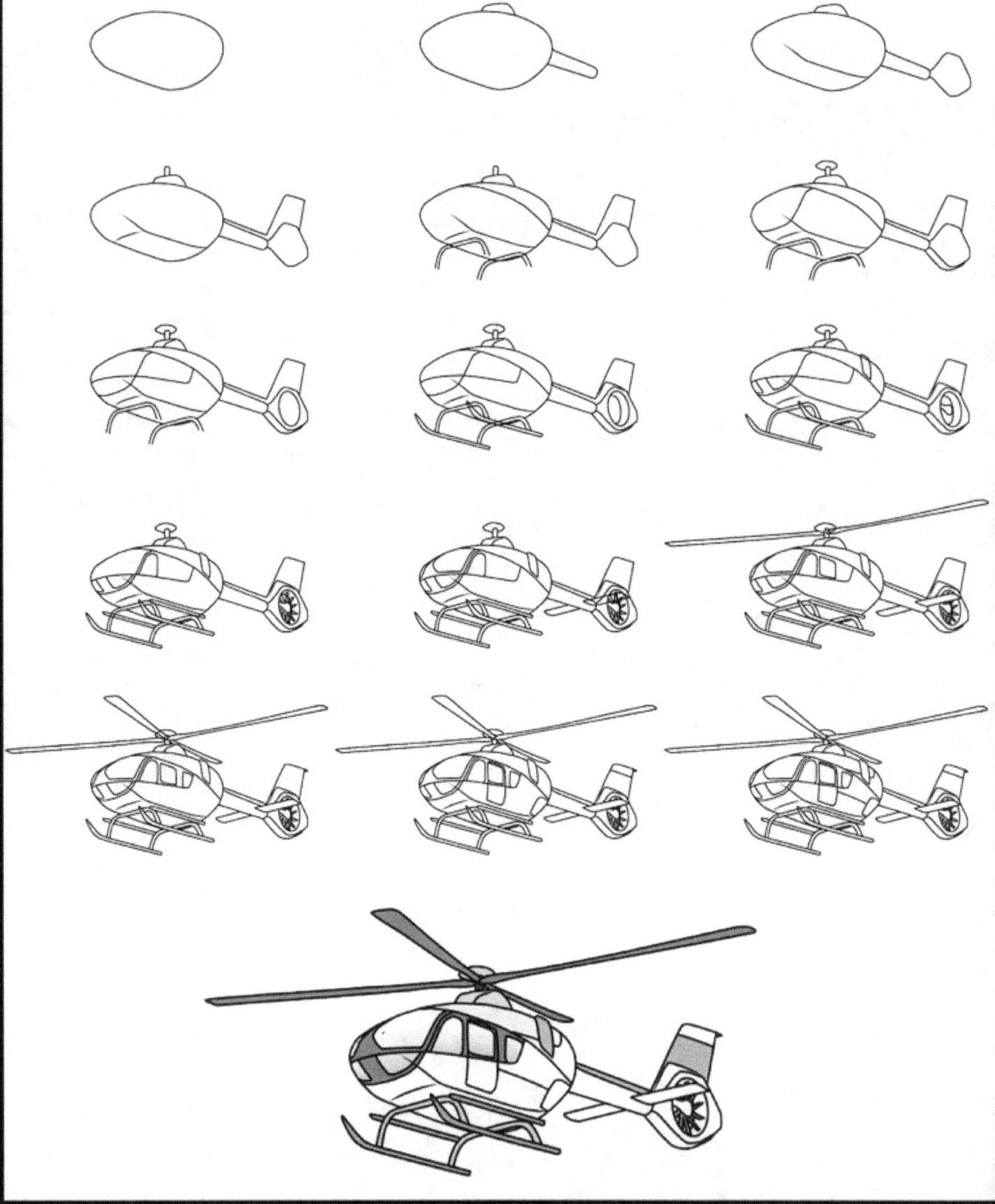

Your Turn Now!

Learn Step By Step

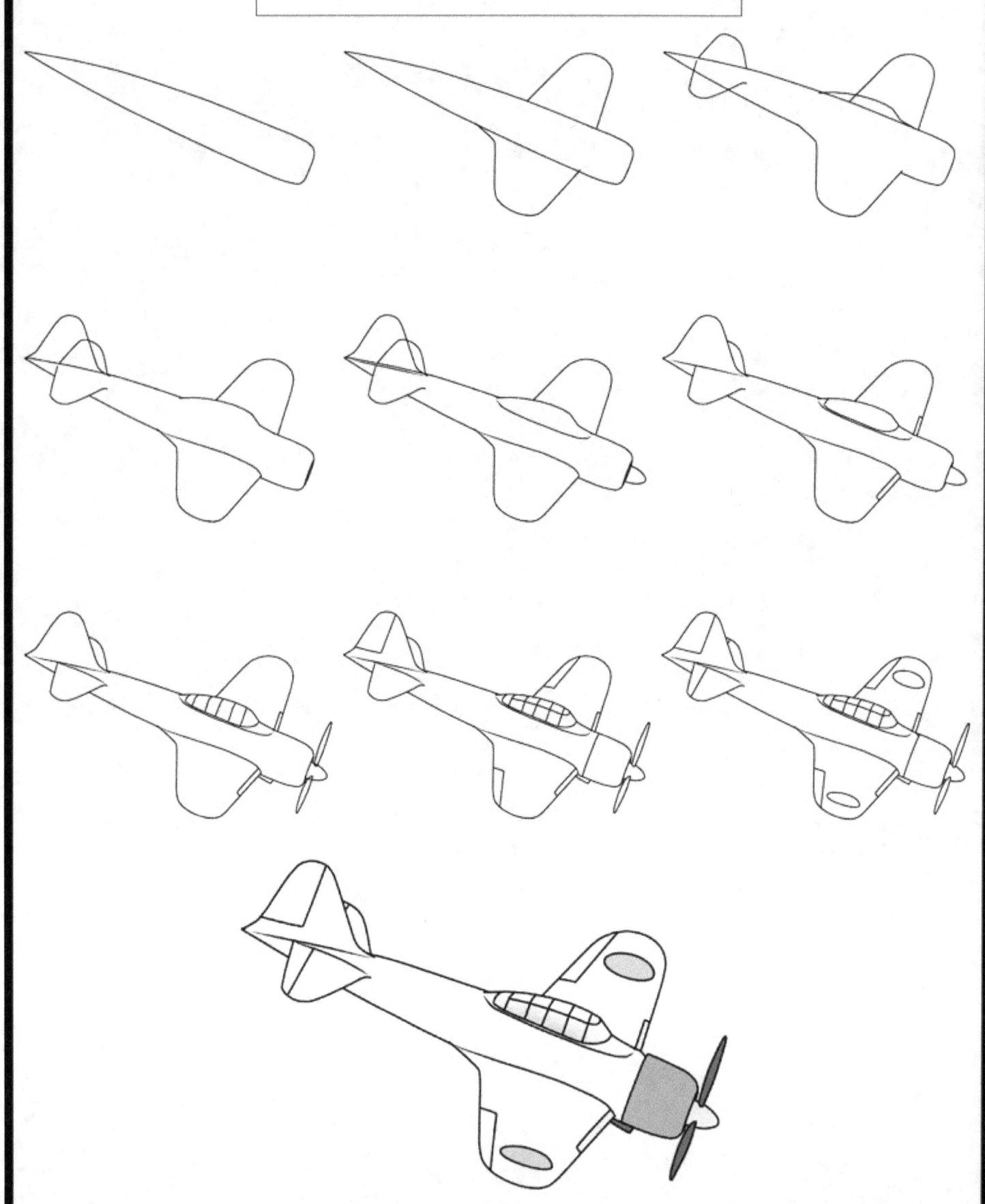

Your Turn Now!

Learn Step By Step

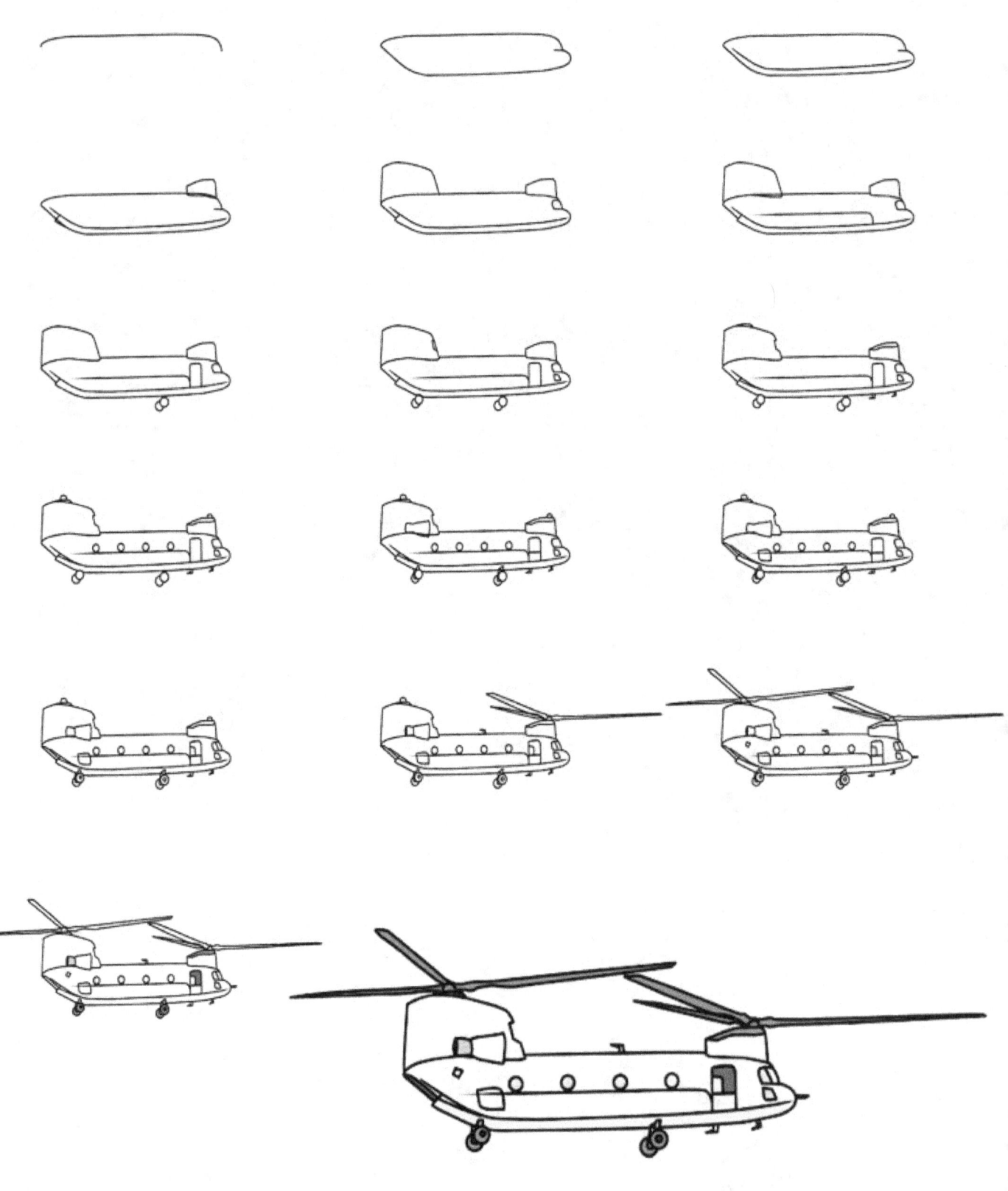

Your Turn Now!

Learn Step By Step

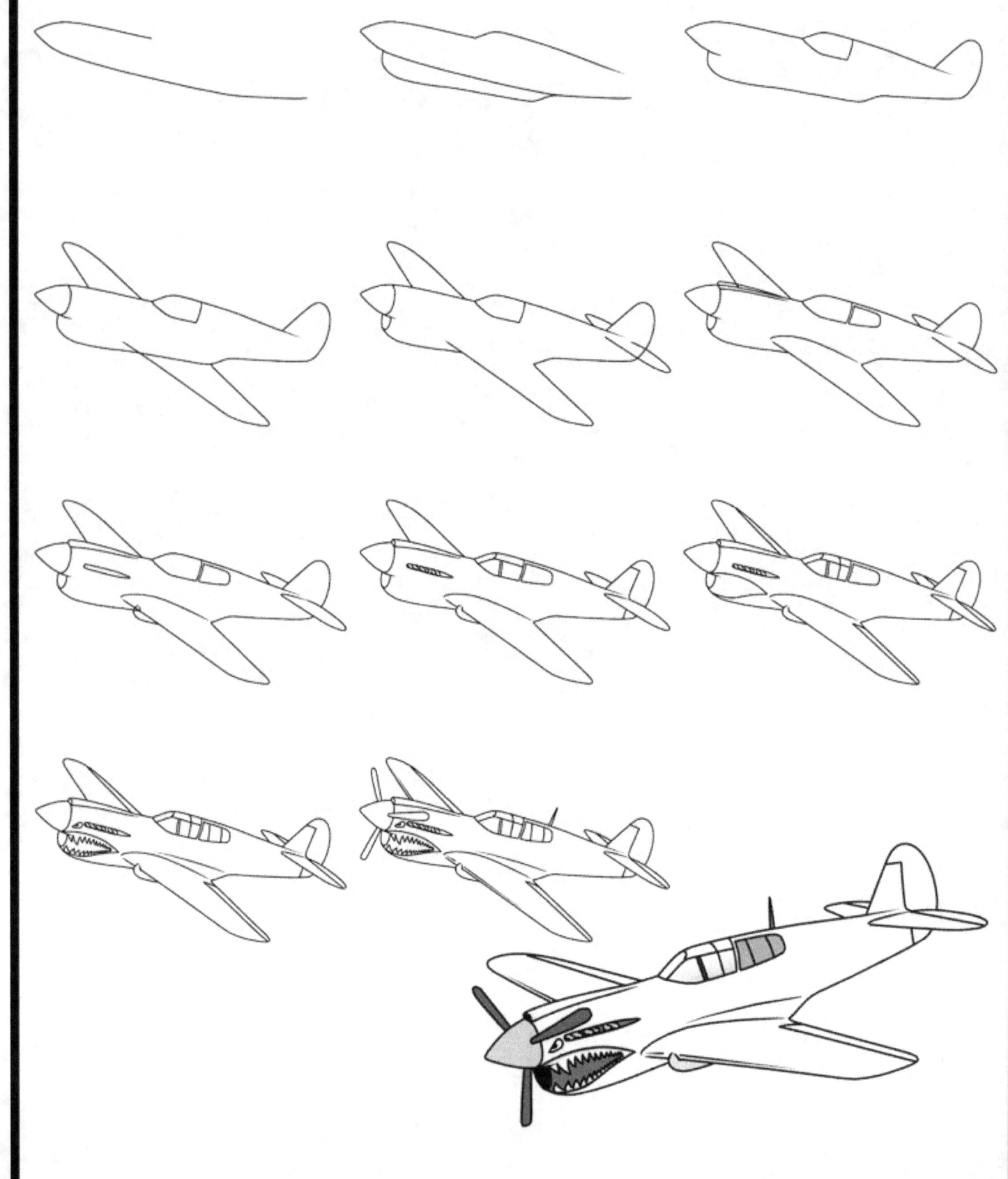

Your Turn Now!

Learn Step By Step

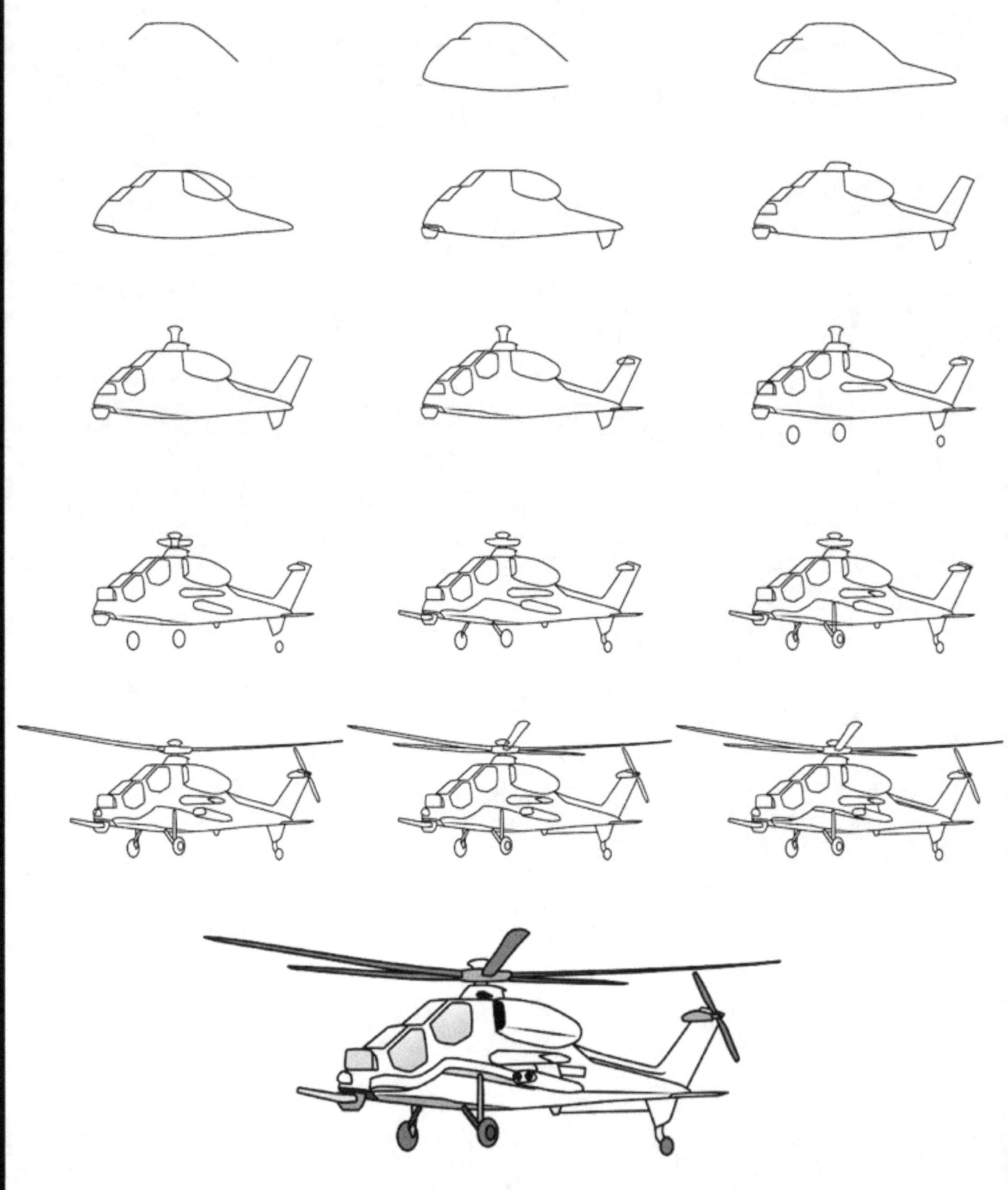

Your Turn Now!

Learn Step By Step

Your Turn Now!

Learn Step By Step

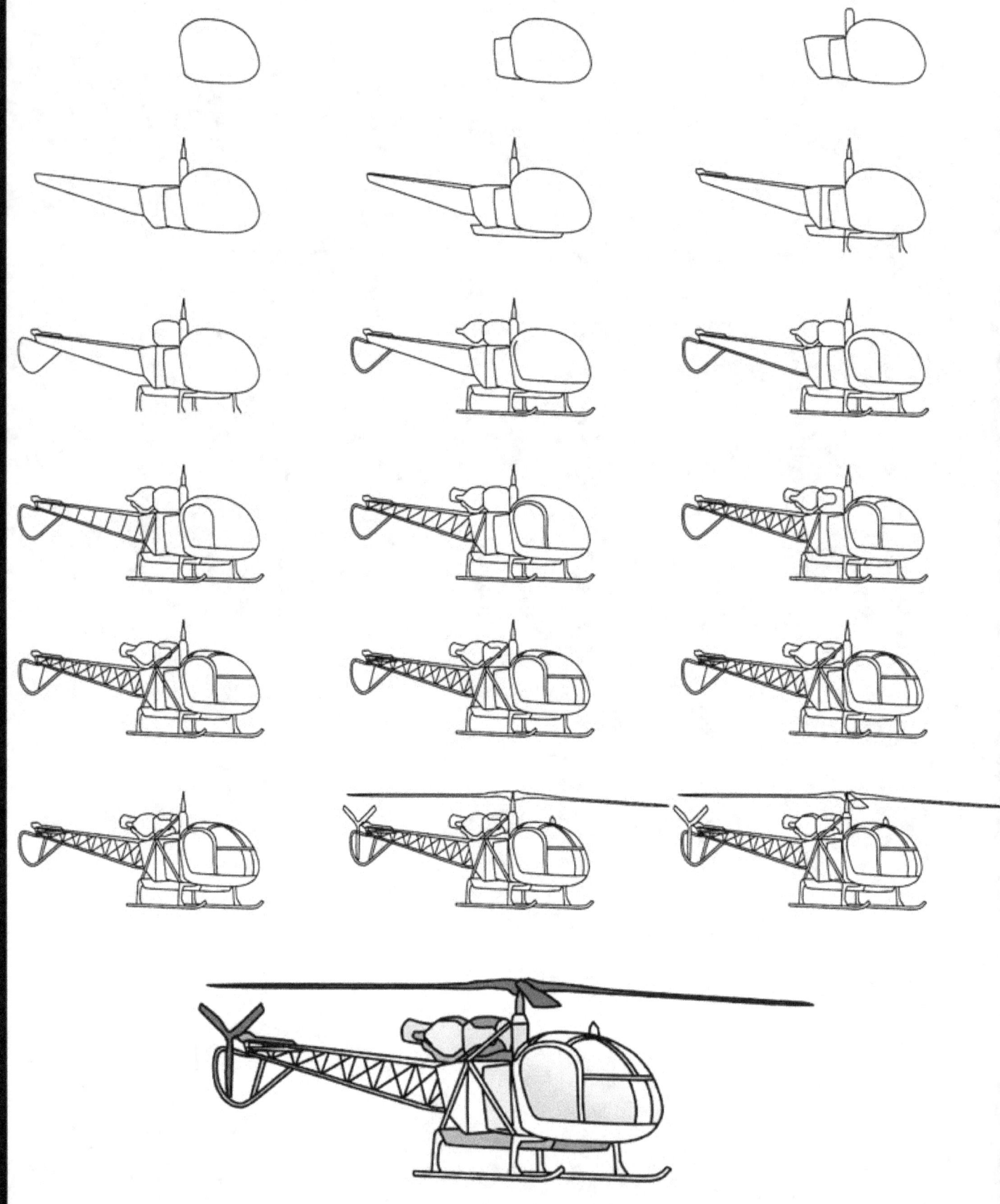

Your Turn Now!

Learn Step By Step

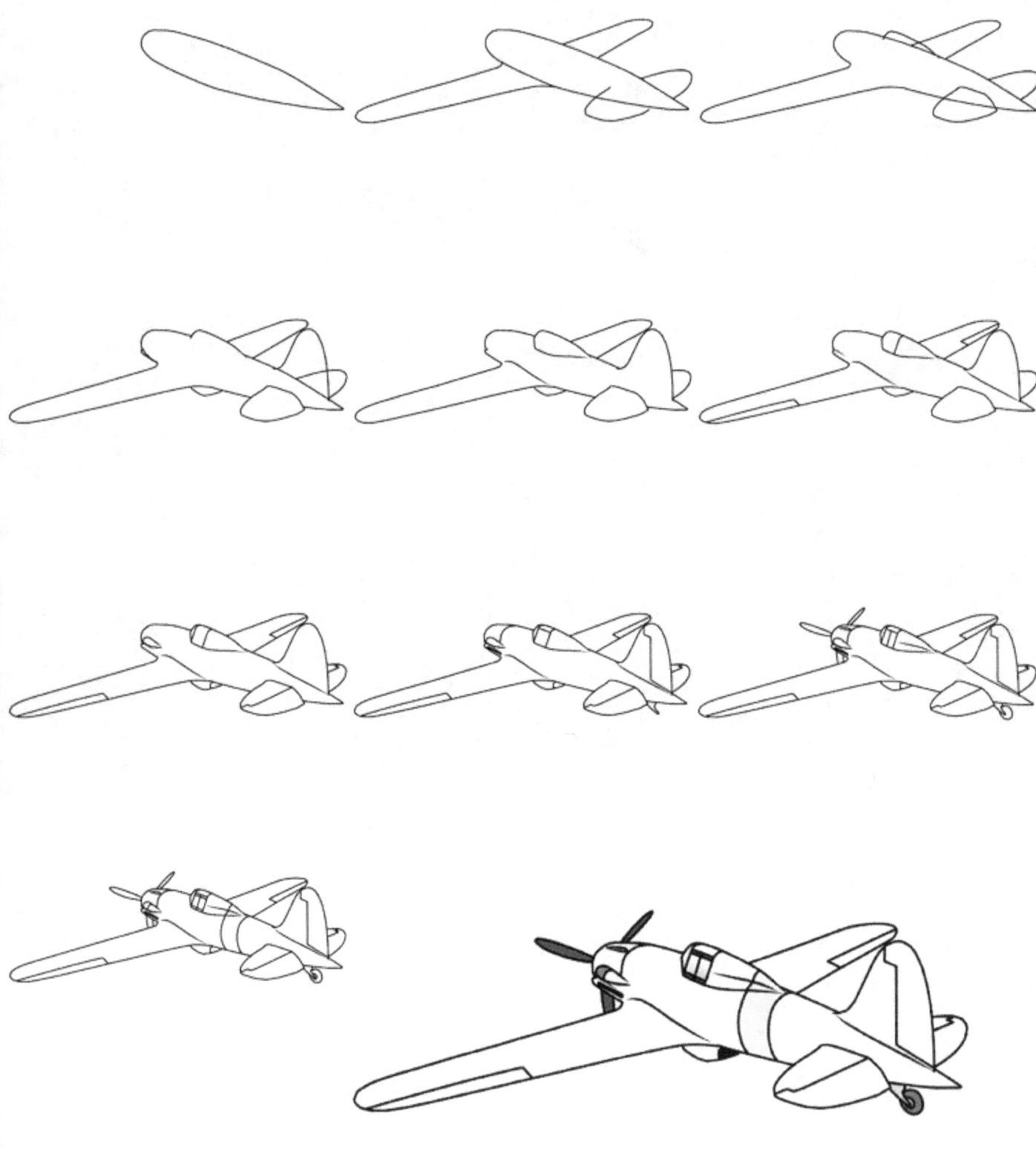

Your Turn Now!

Learn Step By Step

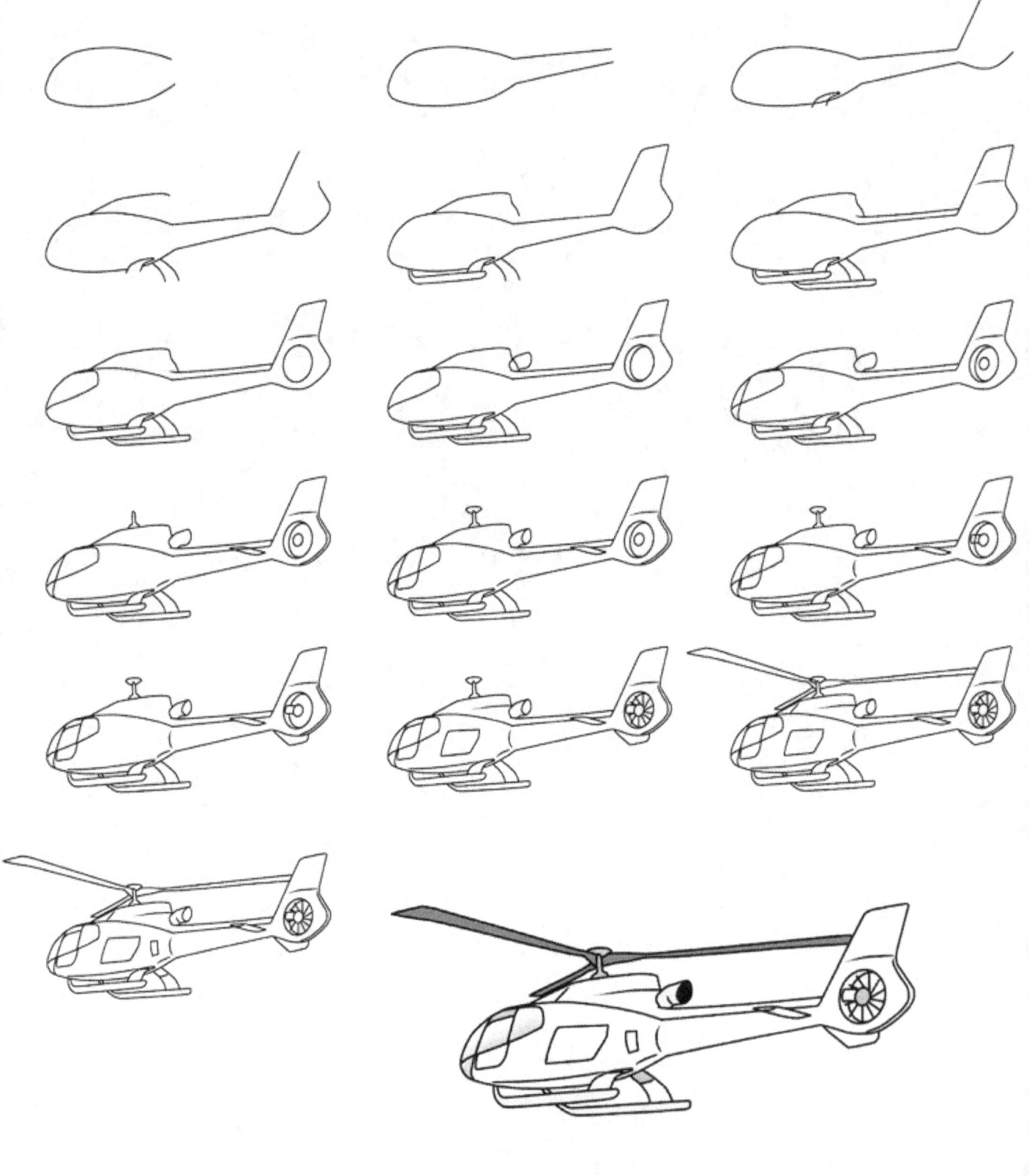

Your Turn Now!

Learn Step By Step

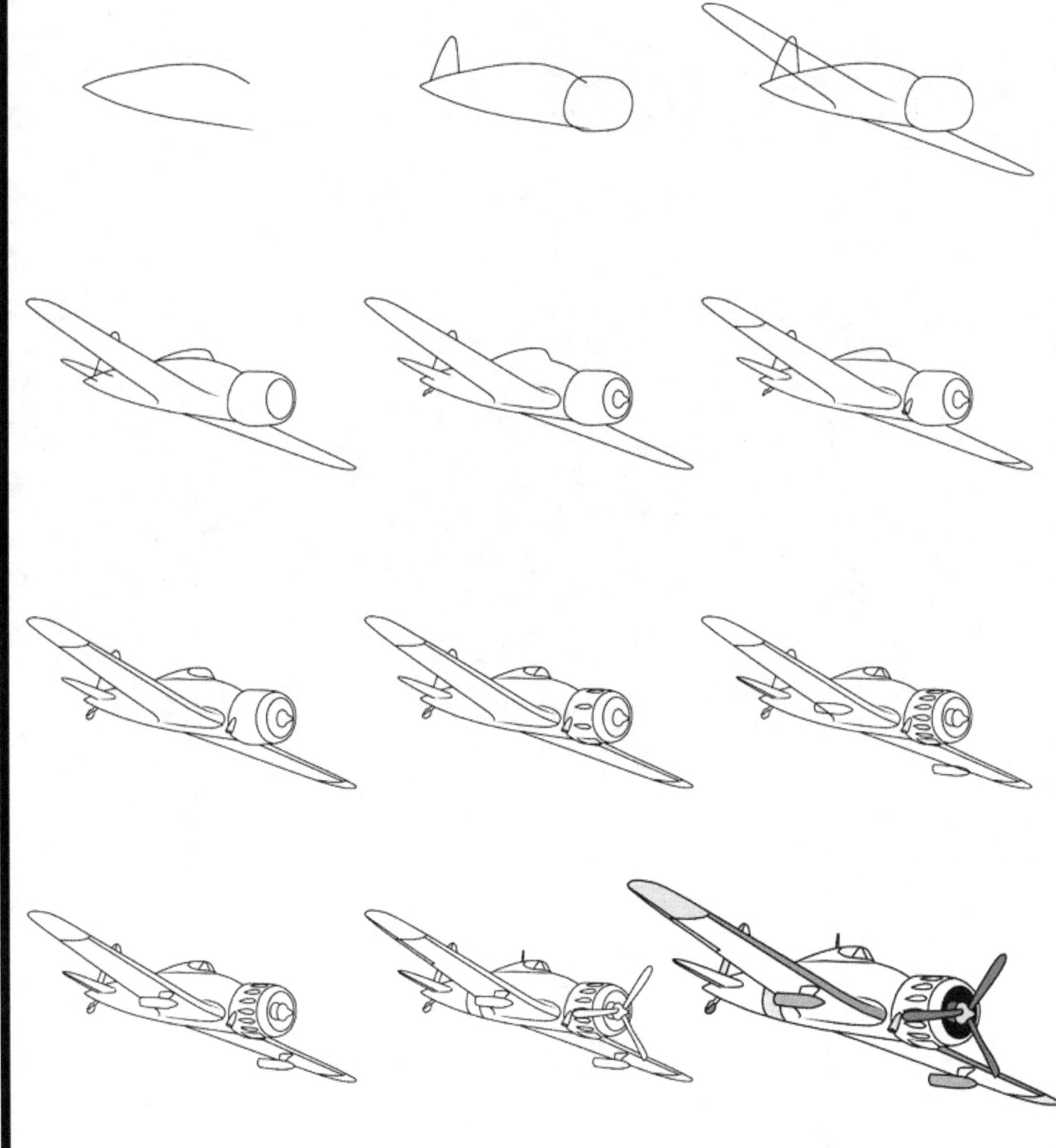

Your Turn Now!

Learn Step By Step

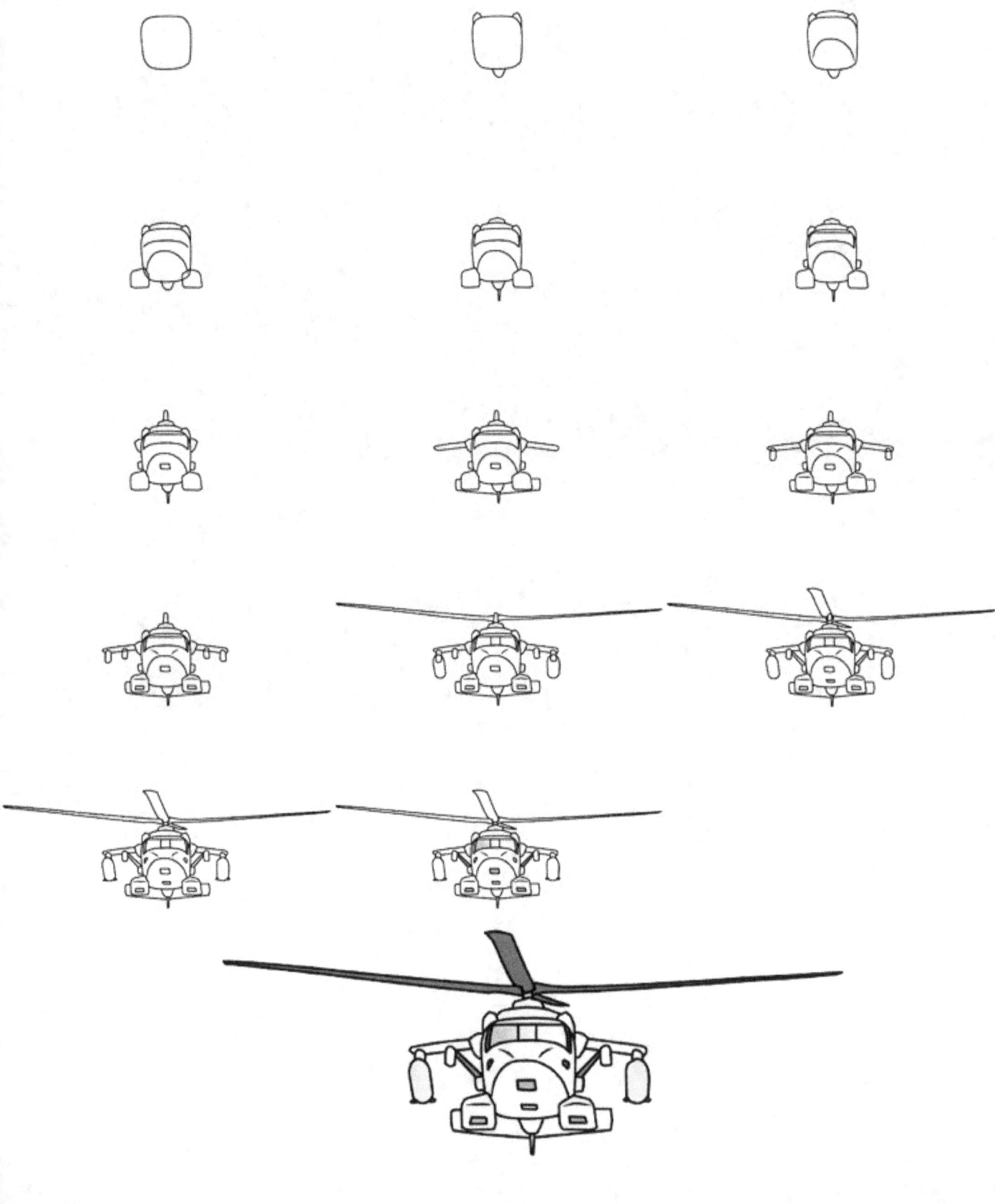

Your Turn Now!

Learn Step By Step

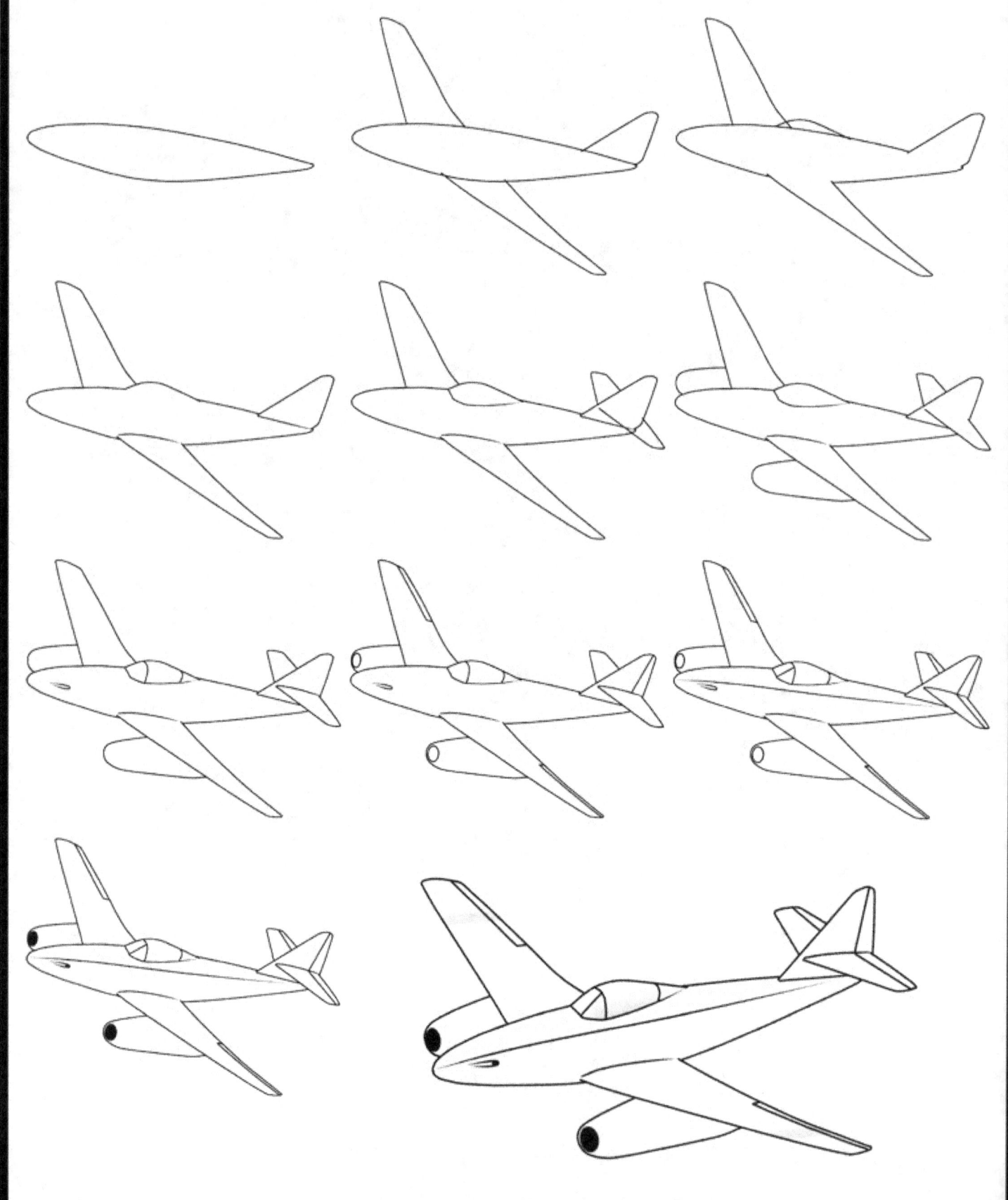

Your Turn Now!

Learn Step By Step

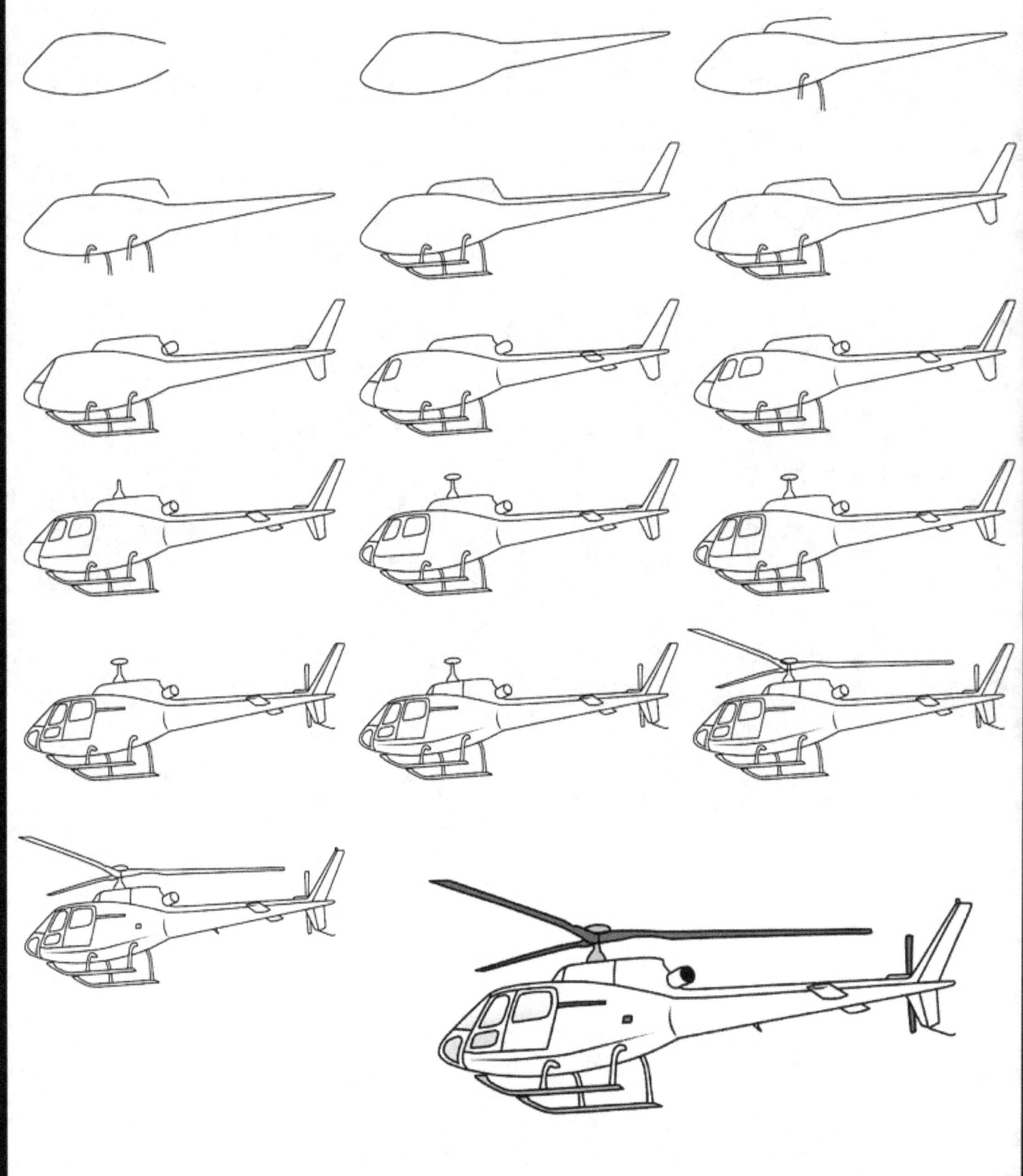

Your Turn Now!

Learn Step By Step

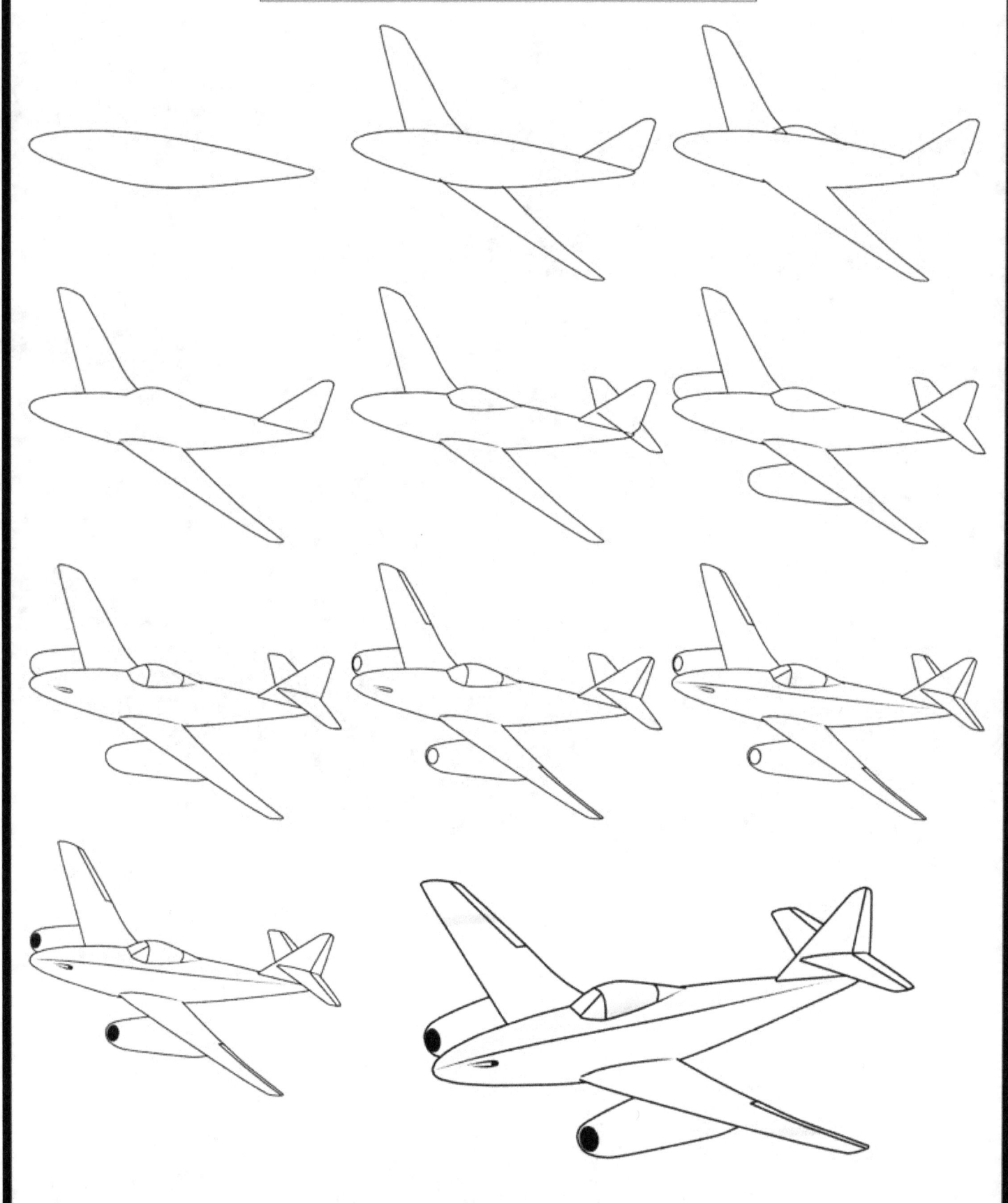

Your Turn Now!

Learn Step By Step

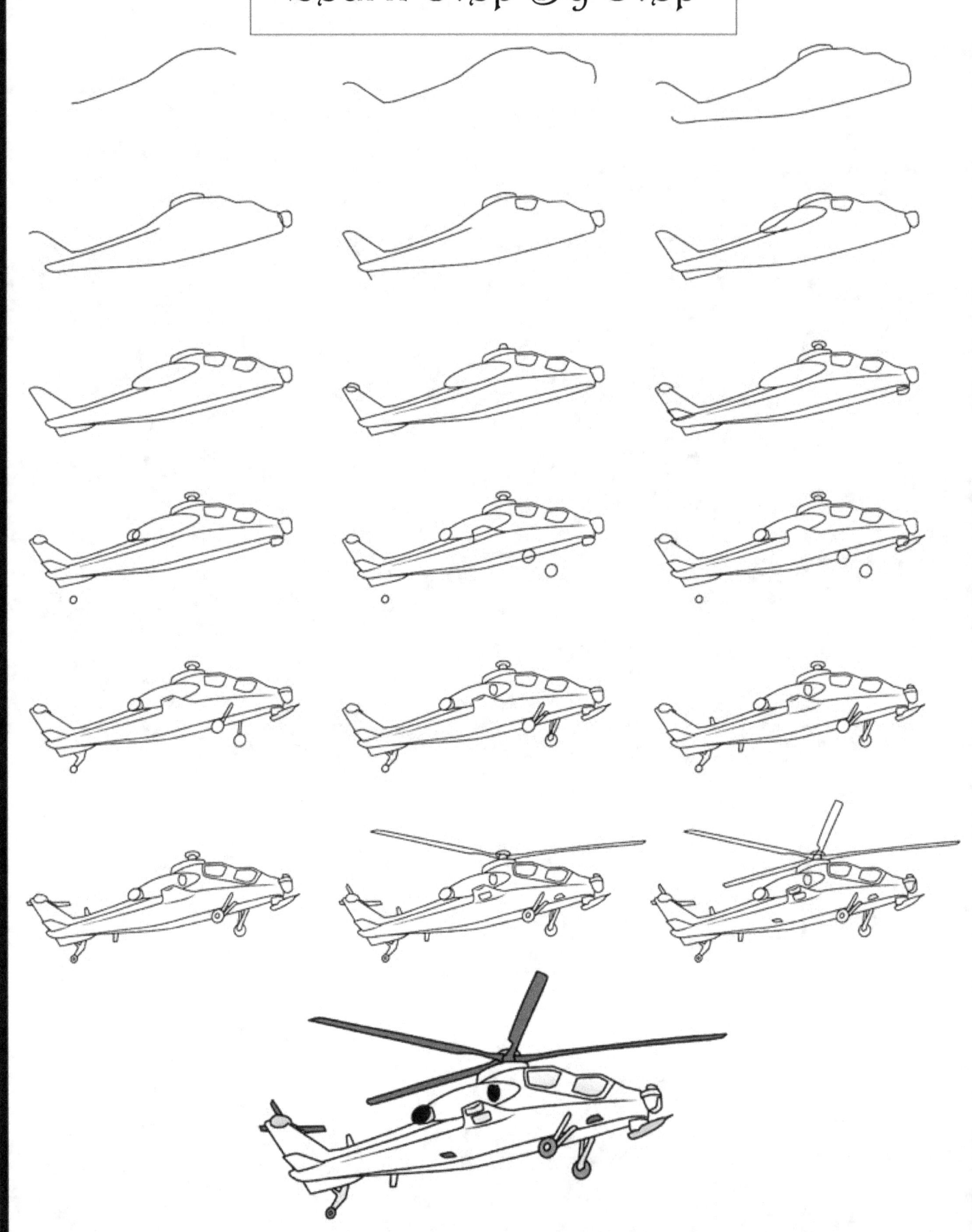

Your Turn Now!

Learn Step By Step

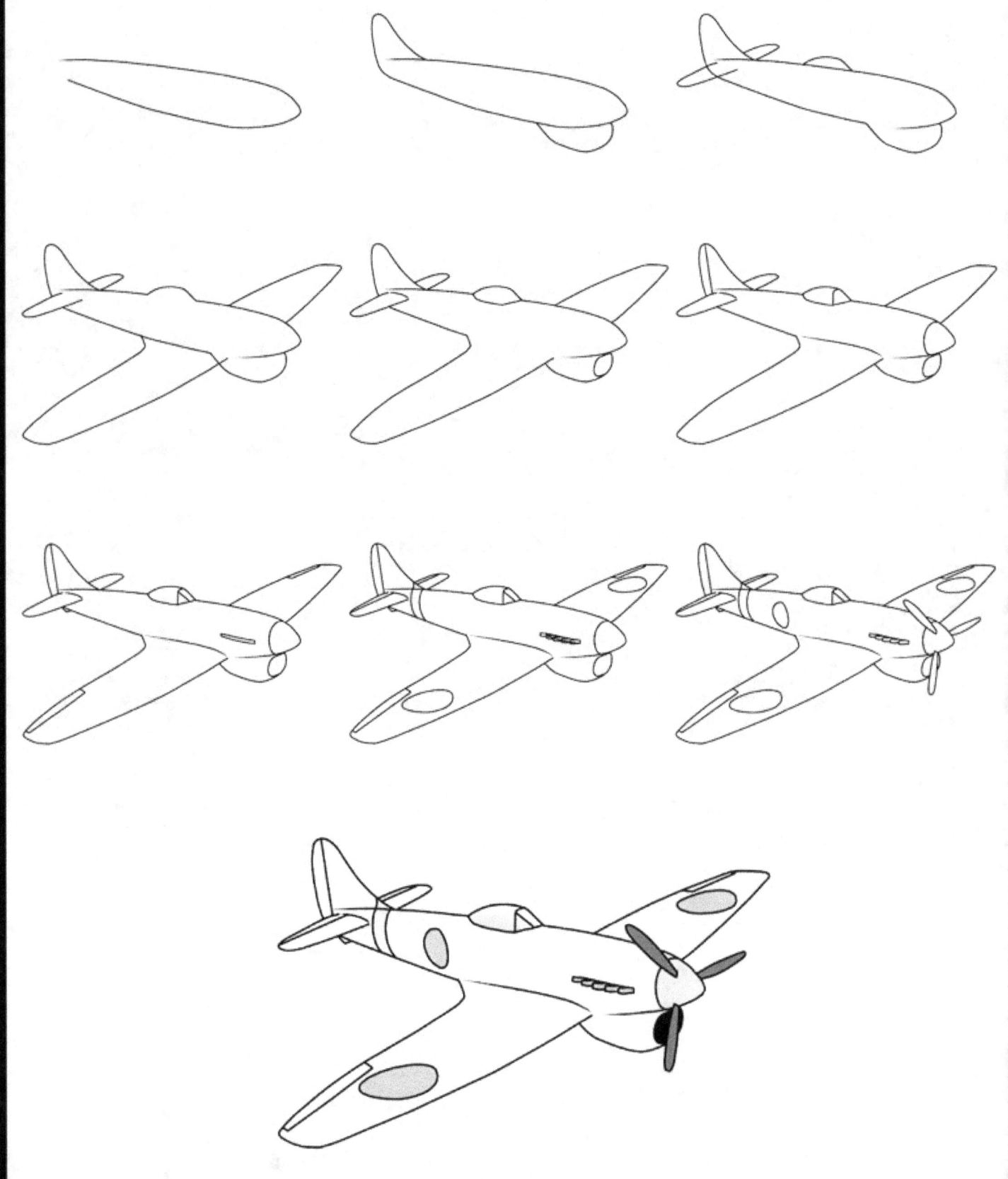

Your Turn Now!

Learn Step By Step

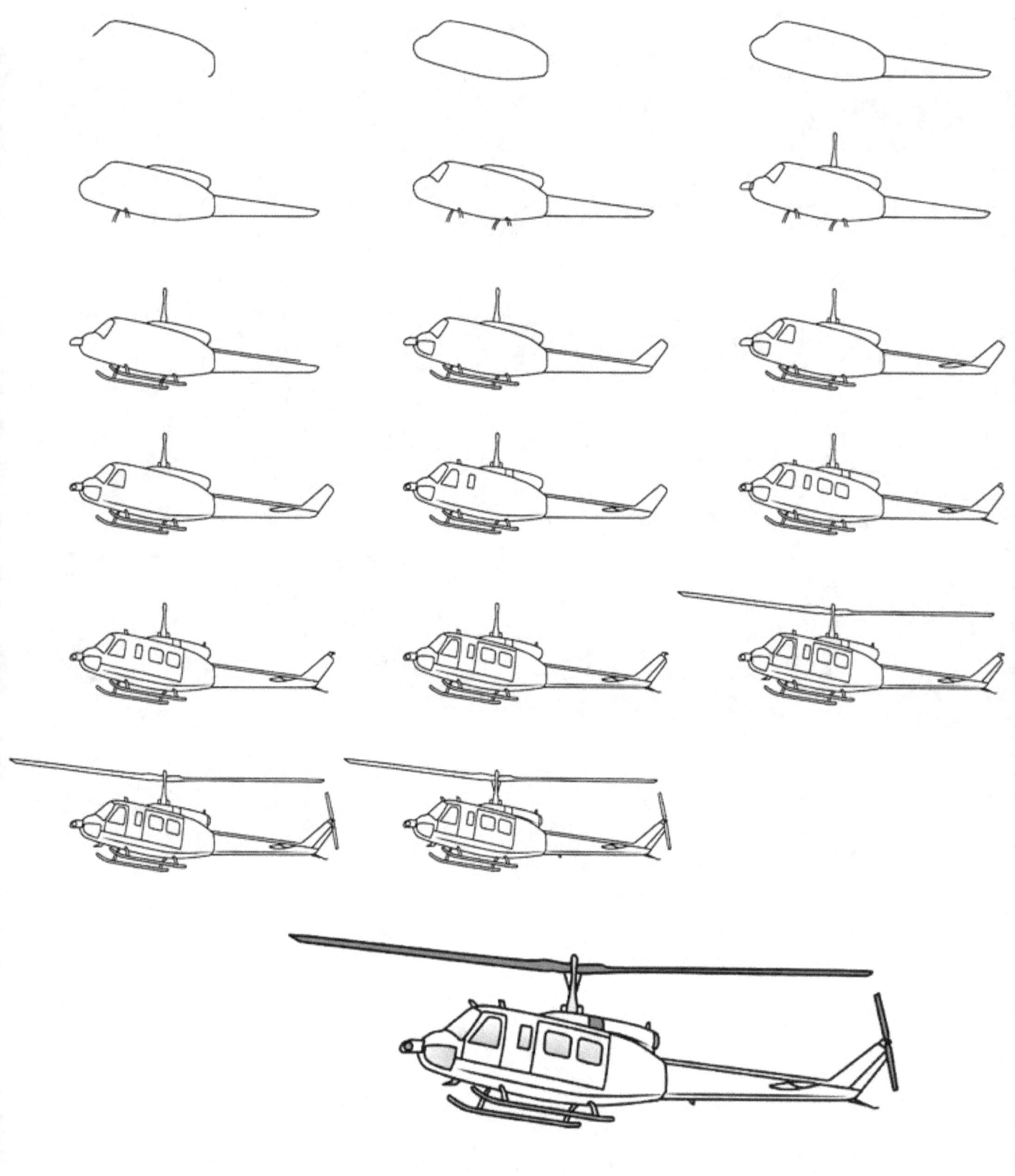

Your Turn Now!

Learn Step By Step

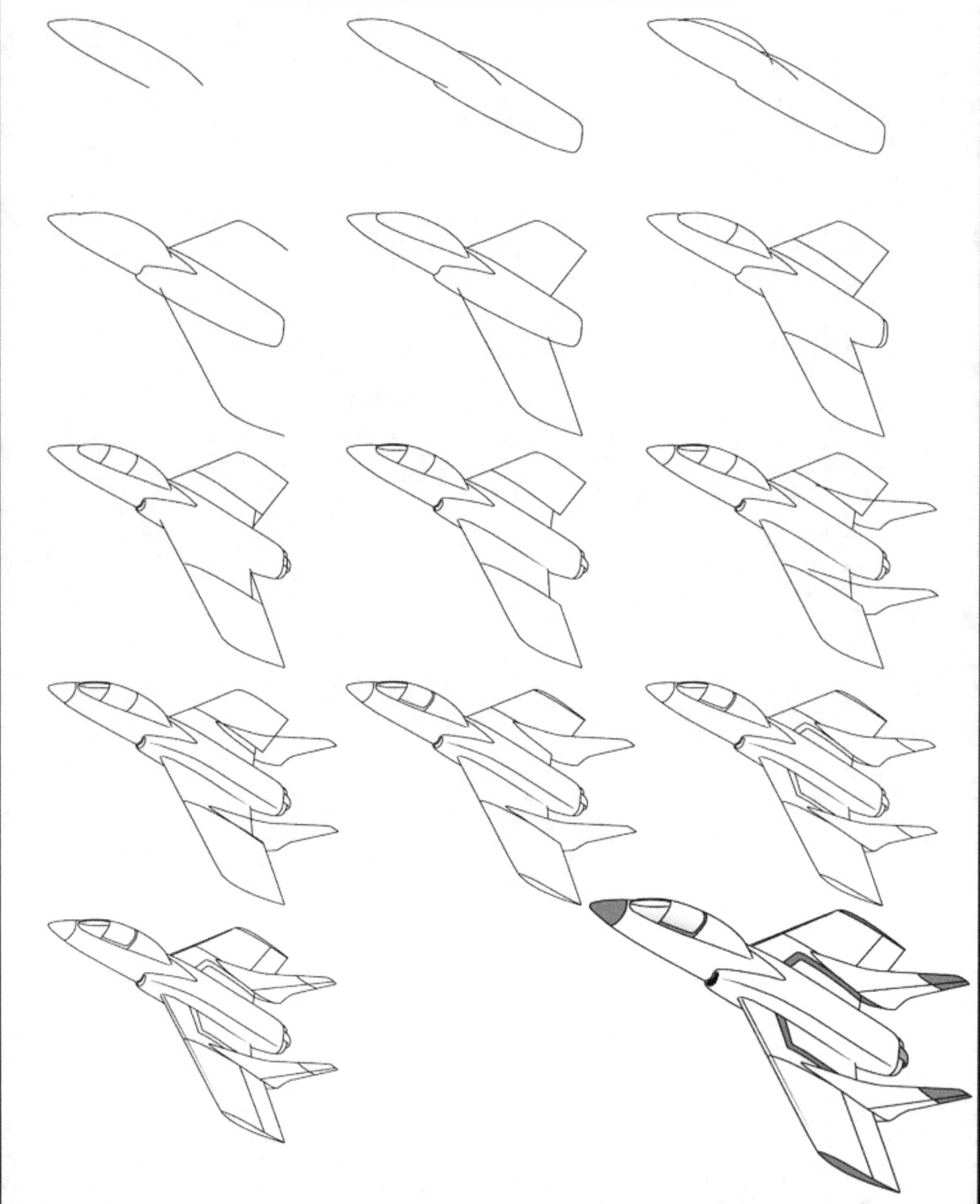

Your Turn Now!

Learn Step By Step

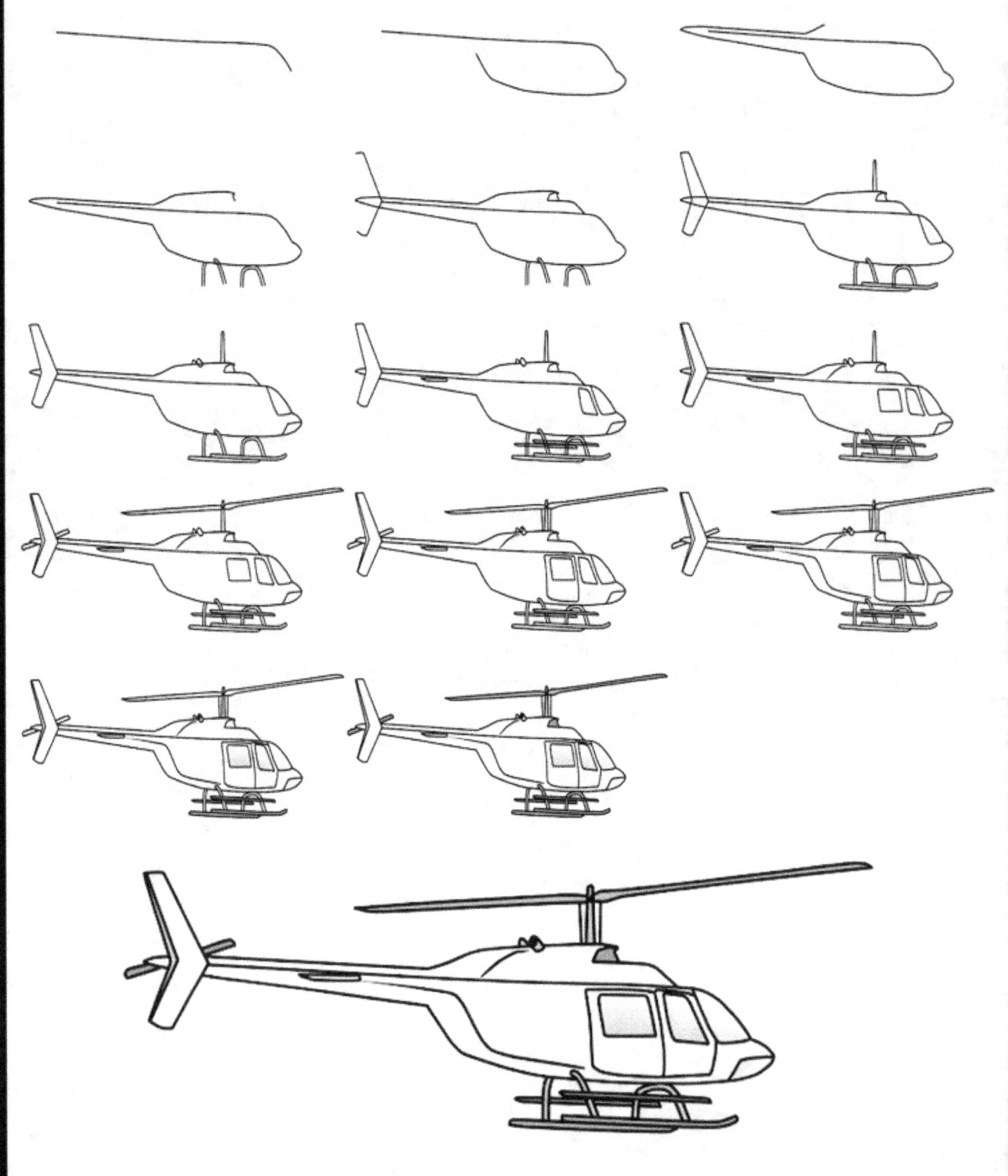

Your Turn Now!

Learn Step By Step

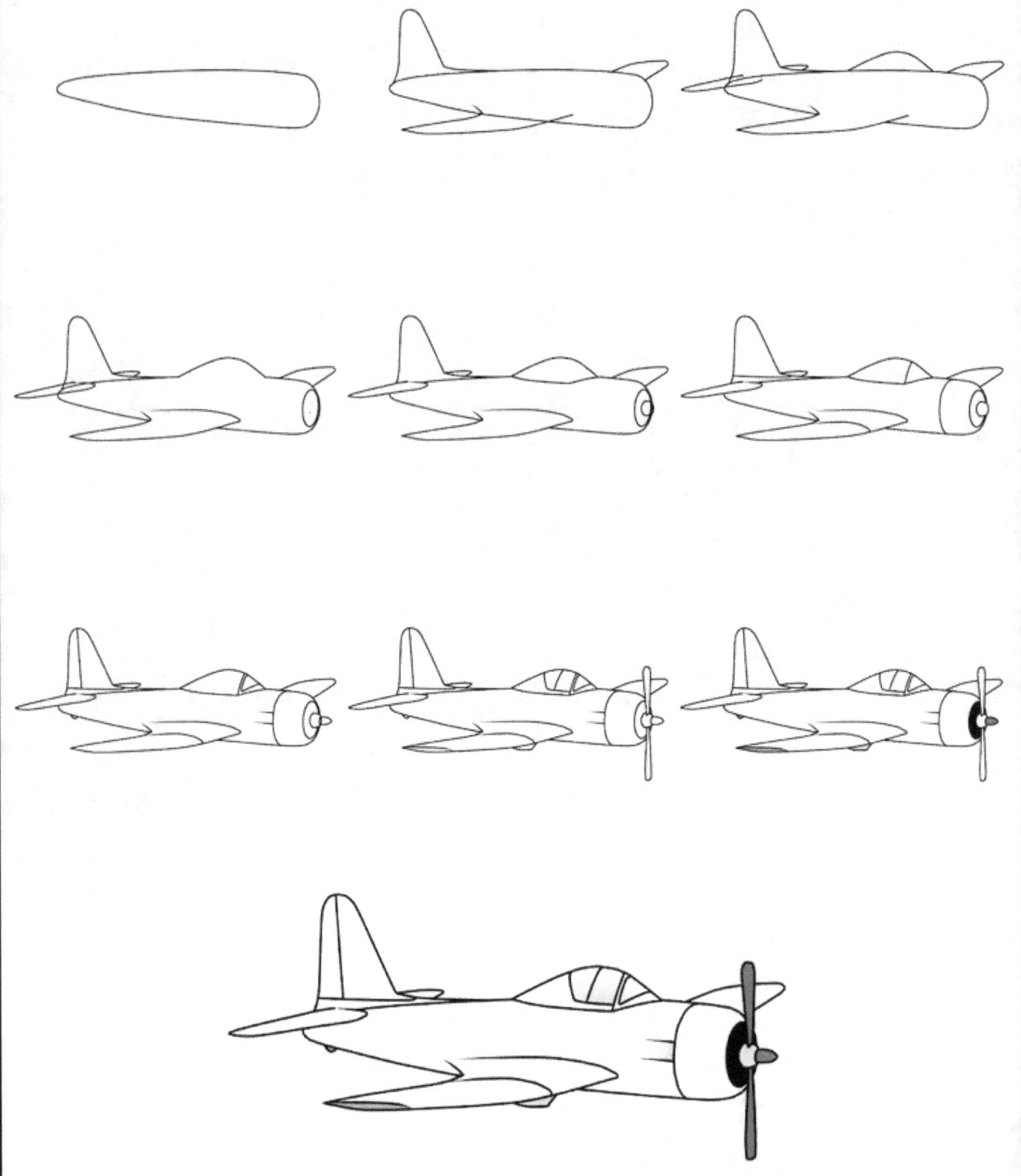

Your Turn Now!

Learn Step By Step

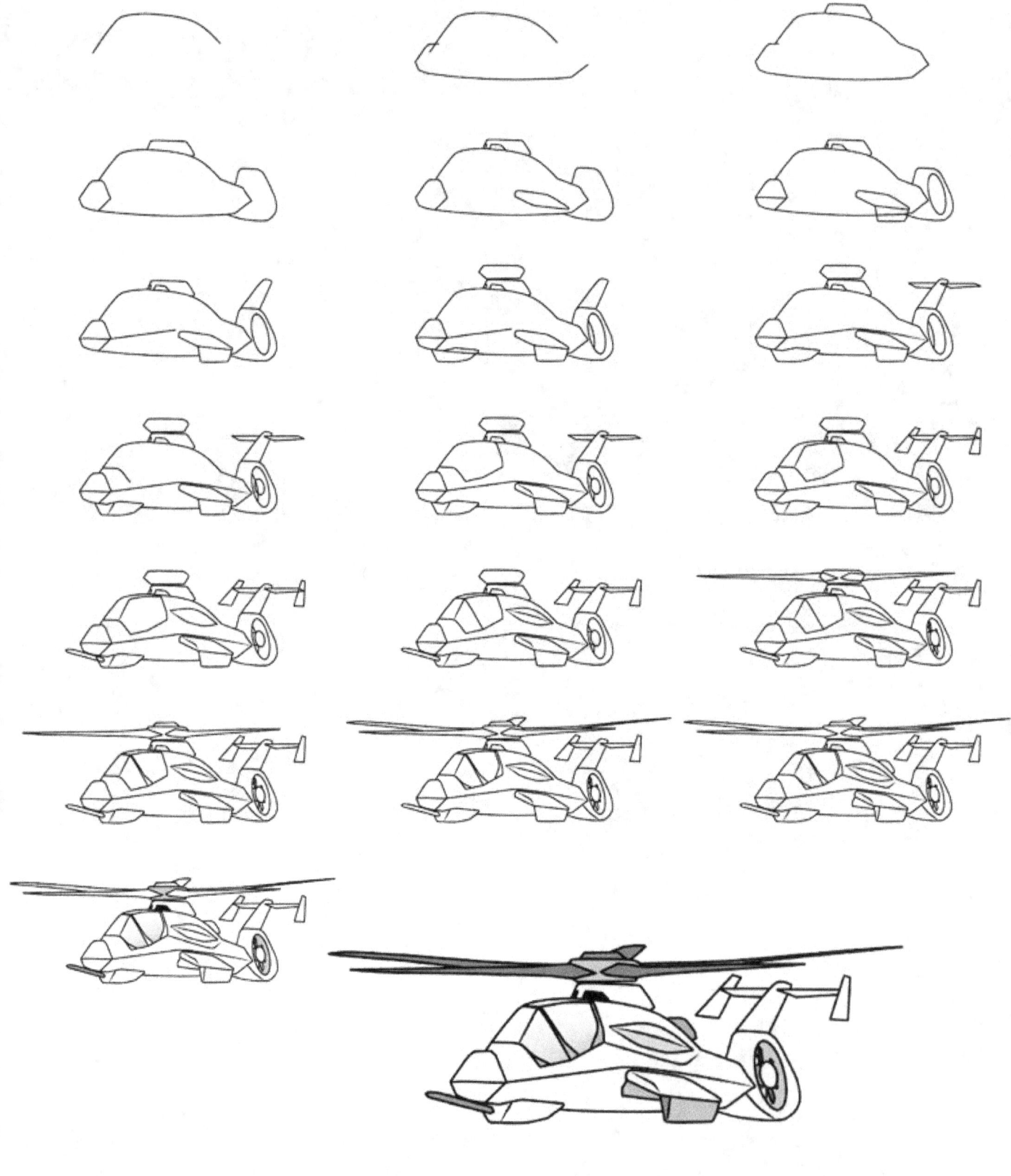

Your Turn Now!

Learn Step By Step

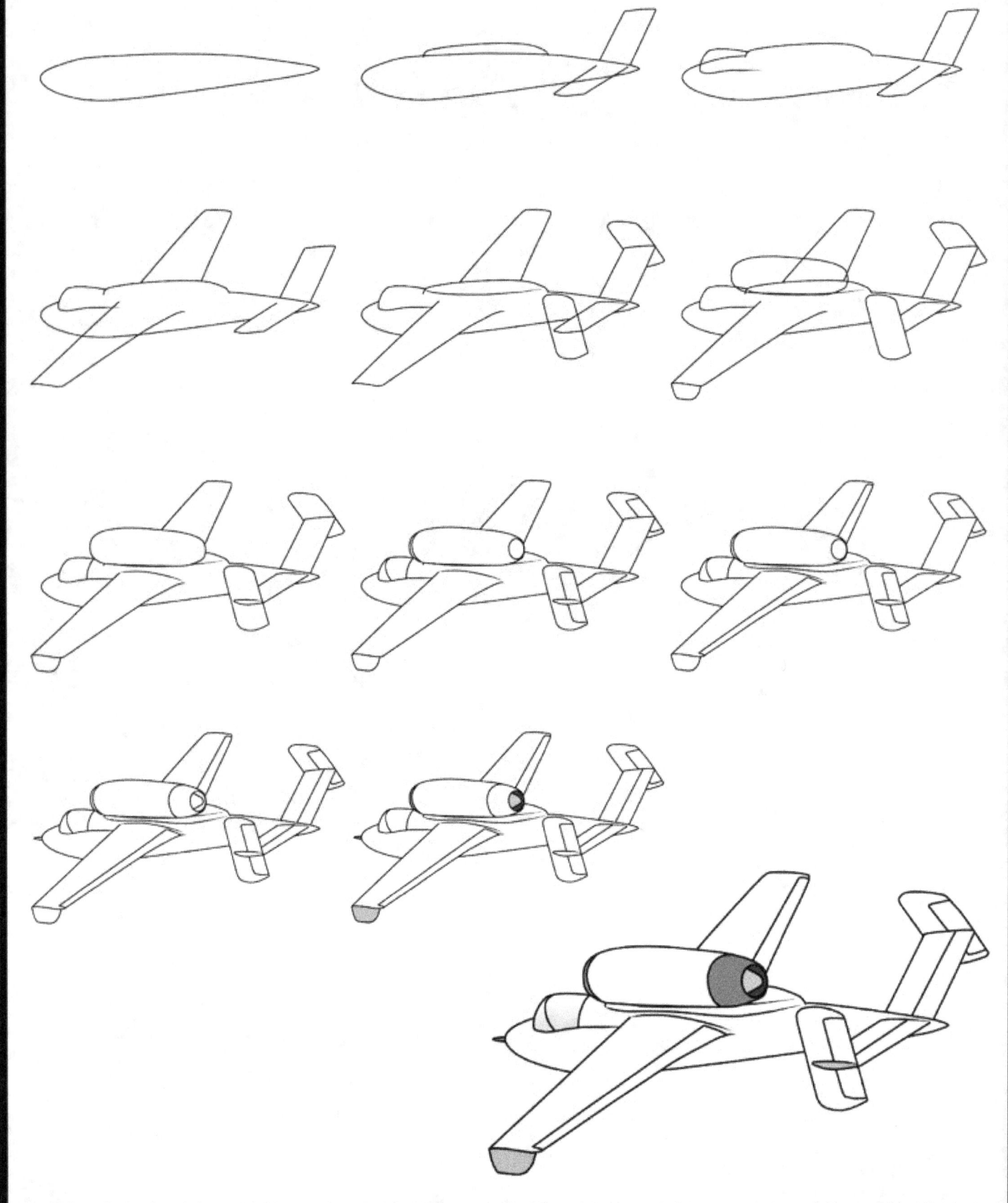

Your Turn Now!

Learn Step By Step

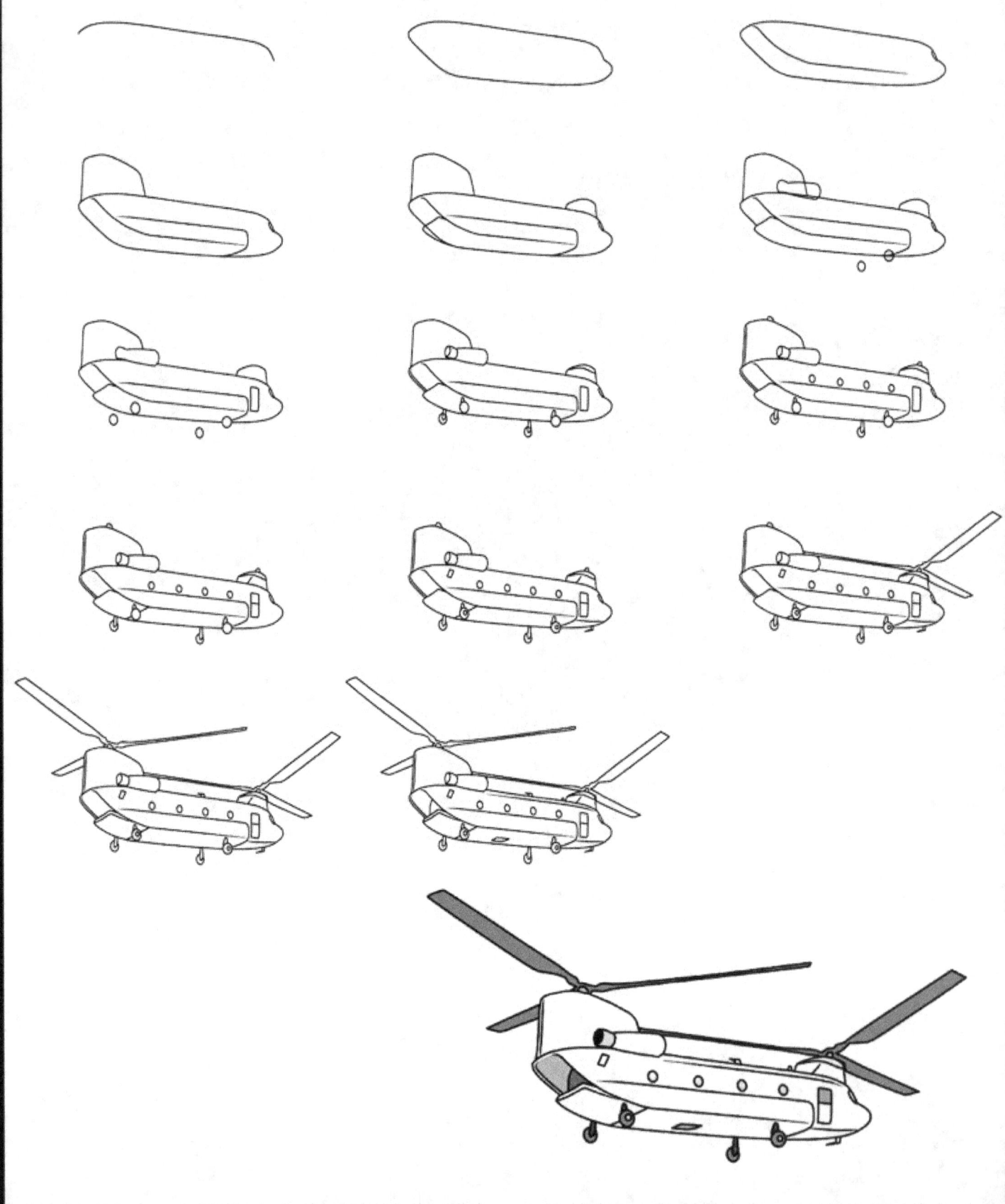

Your Turn Now!

Learn Step By Step

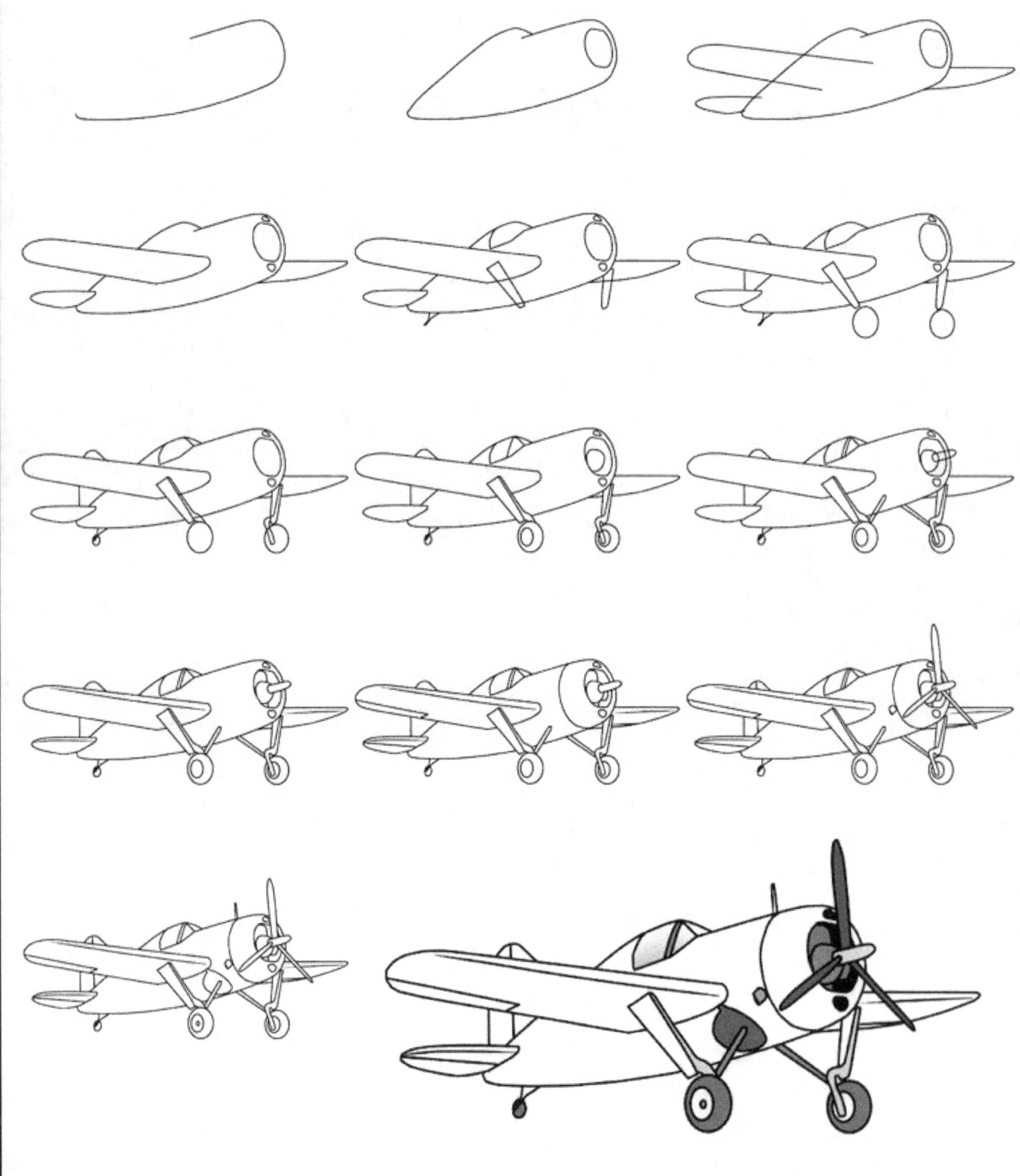

Your Turn Now!

Learn Step By Step

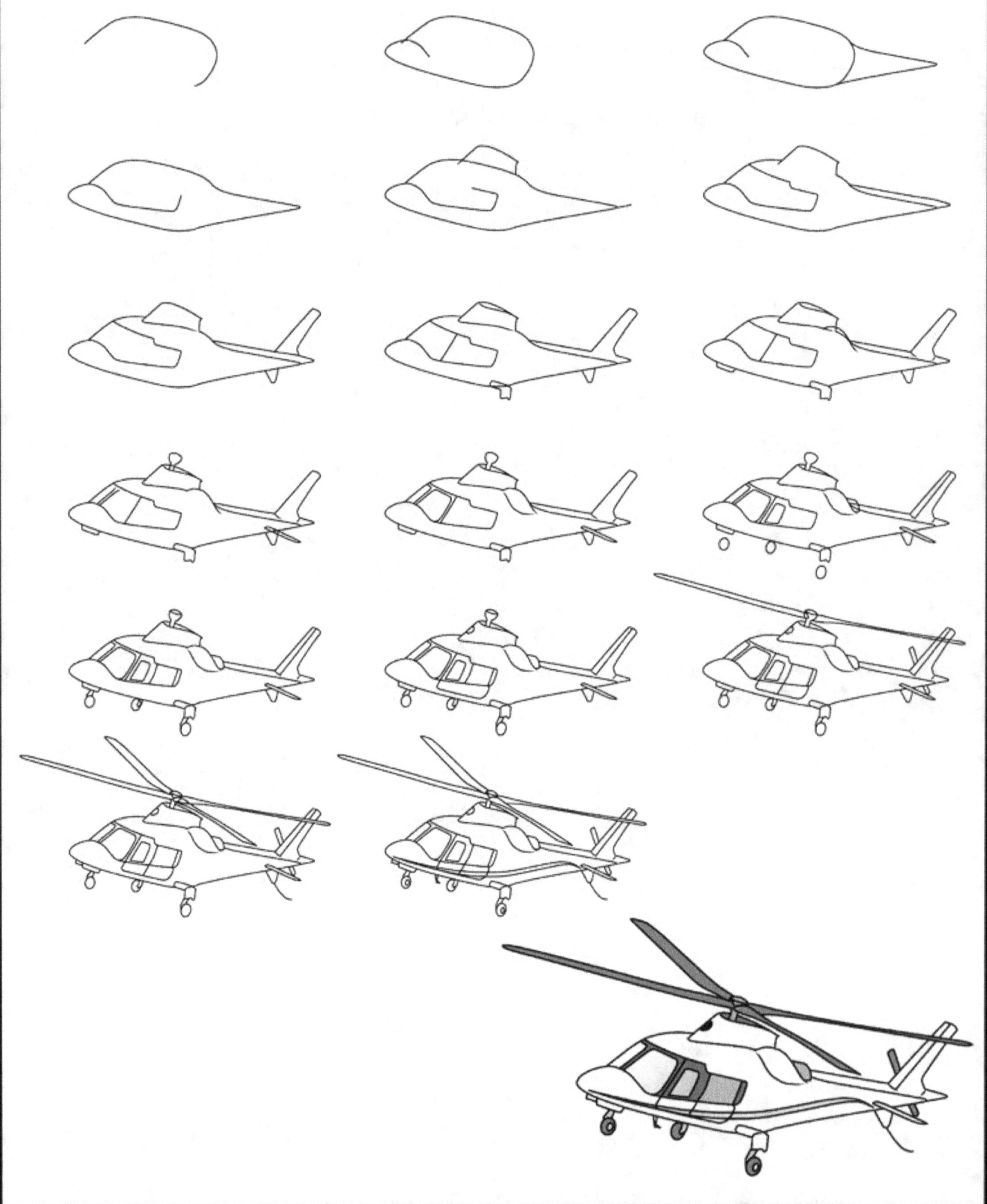

Your Turn Now!

Learn Step By Step

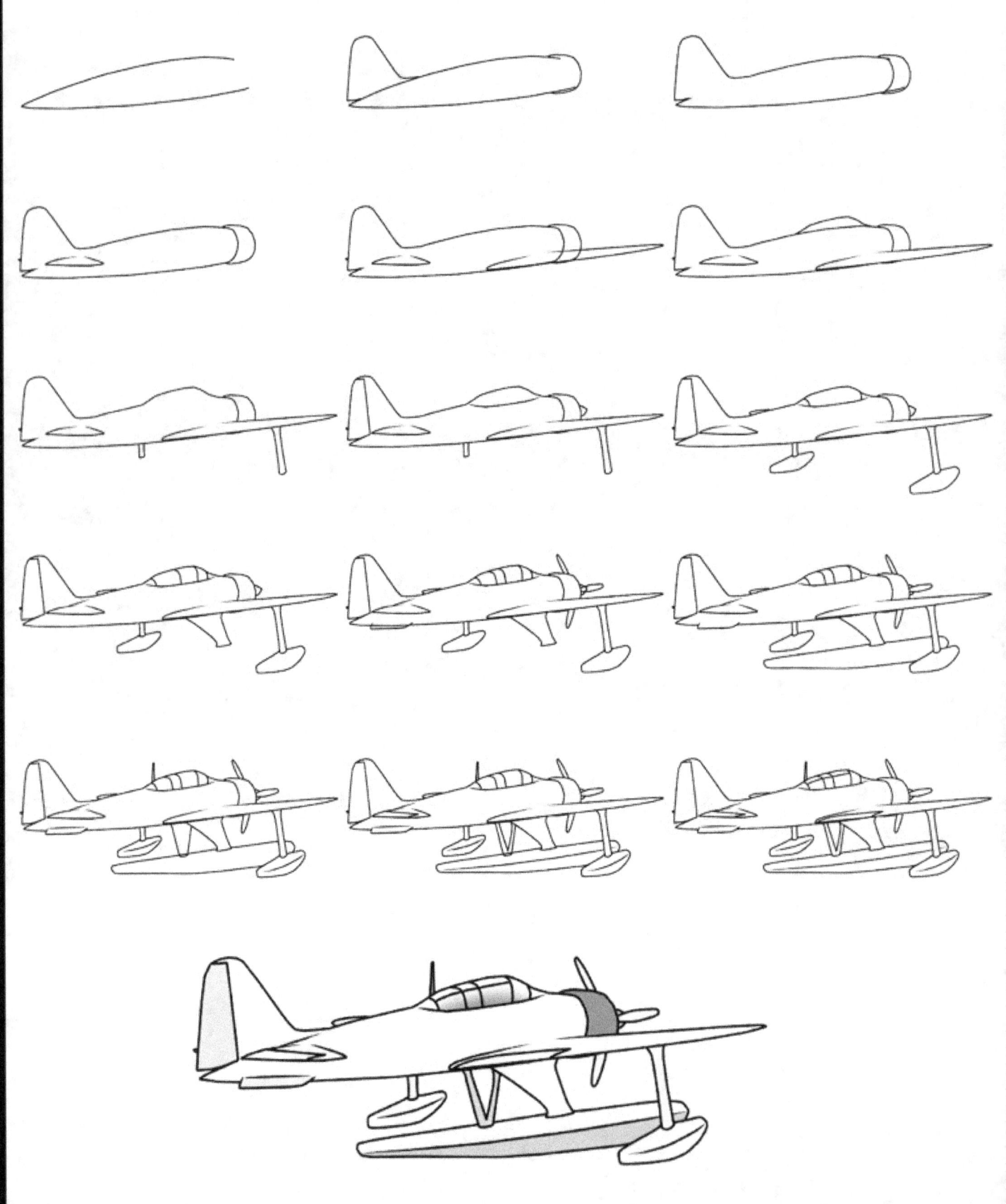

Your Turn Now!

Learn Step By Step

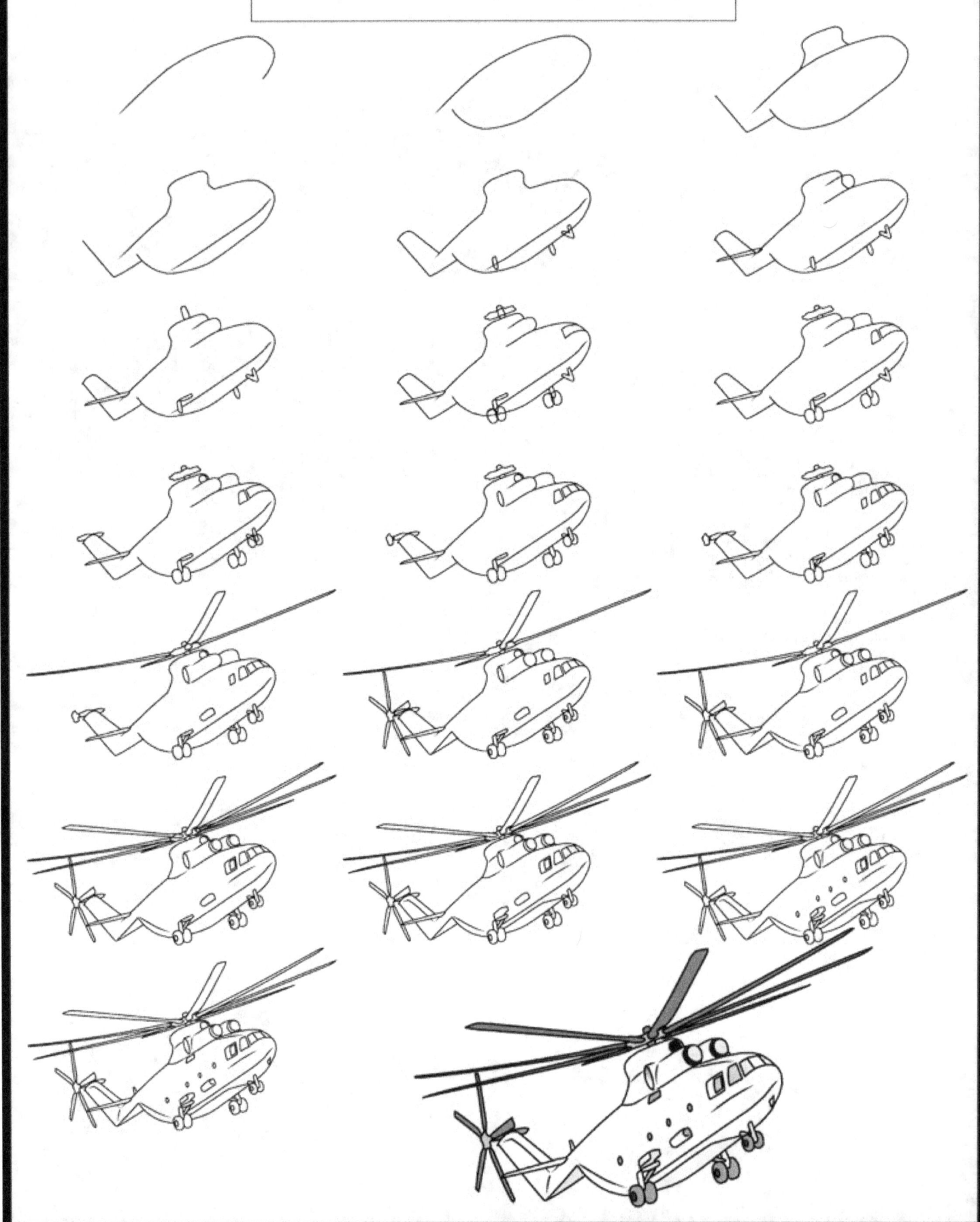

Your Turn Now!

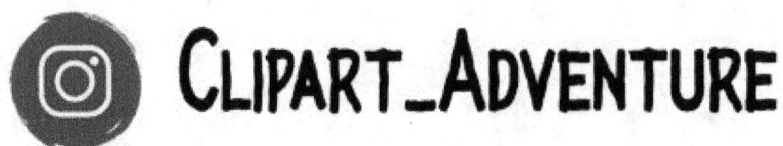

www.ingramcontent.com/pod-product-compliance
Lightning Source LLC
Chambersburg PA
CBHW081450220526
45466CB00008B/2586